Wilson Curia:

uma vida em ritmo de Jazz e Bossa Nova

na visão de Lucy Curia

Denise B. Fejgelman

Wilson Curia:

uma vida em ritmo de Jazz e Bossa Nova

na visão de Lucy Curia

ns

SÃO PAULO, 2025

Wilson Curia: uma vida em ritmo de Jazz e Bossa Nova na visão de Lucy Curia

Copyright © 2025 by Denise B. Fejgelman

Copyright © 2025 by Novo Século Editora Ltda.

Editor: Luiz Vasconcelos
Coordenação editorial: Driciele Souza
Preparação: Ana Moura
Revisão: Angélica Mendonça
Diagramação: Marília Garcia
Capa: Marcio Roberto Curia
Composição de capa: Raul Ferreira

Texto de acordo com as normas do Novo Acordo Ortográfico da Língua Portuguesa (1990), em vigor desde 1º de janeiro de 2009.

Dados Internacionais de Catalogação na Publicação (CIP)
Angélica Ilacqua CRB-8/7057

Fejgelman, Denise B.
  Wilson Curia : uma vida em ritmo de jazz e bossa nova na visão de Lucy Curia / Denise B. Fejgelman. –– Barueri, SP : Novo Século Editora, 2025.
  192 p. : il.

ISBN 978-65-5561-835-8

1. Curia, Wilson, 1932-2020 – Biografia 2. Músicos – Brasil - Biografia 3. Música brasileira I. Título

24-5736   CDD-927.8

GRUPO NOVO SÉCULO
Alameda Araguaia, 2190 – Bloco A – 11º andar – Conjunto 1111
CEP 06455-000 – Alphaville Industrial, Barueri – SP – Brasil
Tel.: (11) 3699-7107 | E-mail: atendimento@gruponovoseculo.com.br
www.gruponovoseculo.com.br

Para Thais, razão e
coração deste livro.

SUMÁRIO

APRESENTAÇÃO.. 8

PREFÁCIO
O guru, o amor e o ofício 10

CAPÍTULO 1
Quando a luz dos olhos teus e a luz dos olhos meus
resolveram se encontrar 13

CAPÍTULO 2
Como tudo começou 35

CAPÍTULO 3
Duas grandes paixões 53

CAPÍTULO 4
Nasce um professor 80

CAPÍTULO 5
O legado de Wilson..112

CAPÍTULO 6
Com a palavra, Wilson.......................................142

CAPÍTULO 7
Ao mestre, com carinho 164

AGRADECIMENTOS
Eu sei que vou te amar por toda minha vida.................189

APRESENTAÇÃO

Era uma tarde de domingo, em abril de 2023, quando o telefone tocou e ouvi a voz da querida amiga Thais Curia me fazendo uma proposta no mínimo inusitada: "Dê, você topa escrever um livro sobre a vida de meu pai?". Como jornalista e roteirista, amo escrever, mas confesso que nunca havia pensado em redigir um livro, muito menos uma biografia.

Thais me contou que a mãe, Lucy, é quem iria me passar todas as informações sobre o pai, Wilson Curia. Afinal, ela havia dedicado boa parte de sua existência apoiando os projetos e os sonhos do marido. Achei muito justo e fui além, indicando que Lucy deveria ser também protagonista desta história, que ela viveu em grande parte junto com ele. Sugeri que poderíamos intercalar a terceira pessoa, na qual o narrador traria os fatos sobre a vida de Wilson, com a primeira, em que Lucy contaria sua visão sobre os acontecimentos.

Desde a primeira conversa, Lucy, por amor, não abriu mão de que o livro só teria seu ponto de vista, além de informações e fatos sobre o início da carreira de Wilson, pesquisados em trechos e matérias de jornais e revistas que foram guardados por ele e passados a mim por ela. Percebi que eu tinha um grande desafio pela frente, pois as matérias não eram muitas, e algumas não traziam a data ou o nome do veículo no qual haviam sido publicadas. Mesmo assim, resolvi que valeria a pena contar estas histórias de vida, abrindo mão de meu lado jornalista e da apuração perfeita dos fatos e dando voz a uma mulher que preferiu ficar mais calada, mas, depois de todos estes anos, estava disposta a contar sua versão da história sobre o amor de sua vida.

Com a realização deste livro, Lucy ganhou voz, e eu, a oportunidade de realizar um antigo sonho, que havia alguns anos tinha compartilhado com minha amiga Thais: ouvir e registrar histórias de vida de pessoas mais velhas. Este foi um grande presente para mim, uma vez que foram muitas as tardes em que nos sentamos juntas, Lucy e eu, no escritório de sua casa. Enquanto ela me contava, com seu jeitinho doce, acontecimentos engraçados, tristes e peculiares, aprendi a admirar essa mulher forte e generosa, que dedicou a vida para realizar o sonho de Wilson e ajudou a construir um legado para o jazz e a bossa nova.

PREFÁCIO

O guru, o amor e o ofício

Cheguei. Fui de metrô. Na pacata Vila Mariana, meus pés (então caipiras) estancaram defronte àquele casarão de construção lindíssima. A primorosa arquitetura fez com que meus olhos (então caipiras) me transportassem pra algum outro lugar, de algum outro estilo, algum outro país, em alguma outra época de gentes e de coisas felizes. De filmes felizes, de cidades felizes com casas felizes, de alegre estilo Tudor, talvez. Se bem me lembro, e eu me lembro bem, uma senhora muito bem-apessoada abriu a porta e, serenamente, acenou pra que eu entrasse. Porta, portão, hall de entrada, eira, beira, sobreira, janelas, vidraças, piso... tudo levava a minha alma (então caipira) pra um outro mundo.

A senhora era dona Lucy, e Lucy é desses tesouros que você ganha de Deus. Tesouro que você não quer guardar num baú e esconder numa ilha. Não! Ela é um tesouro de simpatia, amor e amizade que você quer ostentar e contar pra todo mundo que tem! No momento em que a conhece, você tem certeza de que Deus te quer bem!

De uma doçura única, a voz dela, cheia de alegria e calma, me disse: "O Wilson já vem! Pode esperar ali na sala de aula...".

A sala de aula era uma edícula muito mais que encantadora. E a antessala era ainda mais! Era hipnótica! Logo de cara, eu (sendo bem caipira) me deparei com uma galeria repleta de fotos, diante das quais meus pensamentos (igualmente caipiras) começaram a fervilhar, e aquela voz com eco que todos nós temos dentro da cabeça começou a tagarelar: "Nossa!! É a Liza Minnelli com o Wilson?! Calma... mas é o Erroll Garner!!! Apertando a mão do Wilson! O Erroll Garner??!! Genteee... aquele ali... no canto... é o Horace Silver?!!! Com o Wilson! O Jamey Aebersold!!! Nãoooo... o Tommy Flanagan??? Olhando o Wilson tocar???? Benny Carter e o Wilson!! Meeuuu...!!!! Marian MacPartland e o Wilson!! Nossa, acho que vou embora...". E só não fui, pois meus joelhos (dois joelhos caipiras) batiam um no outro!

Eu me lembro das mãos. Aquela galeria, pra mim um Olimpo, era repleta delas: mãos. Mãos se apertando, mãos confortáveis dentro de suas peles. Mãos, tão próximas e tão amigas! Mãos produzindo, se expressando... mãos de irmãos! Mãos contrariando, num quase desprezo, a física de Coulomb, Lenz e talvez Du Fay. Na música daquelas mãos, a atração e a repulsão magnética comuns ao nosso planetinha não se aplicavam! Ali, os pares é que se atraíam, e não os opostos! Logo, minhas pretensões pianísticas (ainda bem caipiras) pareciam estar todas a distância mínima e confortável de um simples aperto de mão!

Aquela galeria, porém, me alertava de que mãos existem para serem dadas. E dadas a um trabalho árduo e contínuo. Mão é pra missão. Mão é pra trabalho. Mão é para a entrega de uma vida toda. E, para além de toda a admiração e do amor contido nas fotos, a galeria nos gritava um sonoro *mãos à obra!*

E então surgiu o mestre.

Ele, Wilson Curia! Aquela enorme aura de nobreza e sabedoria que só ele teve até hoje! Envolto naquela autoridade serena de quem sabe que sabe muito, Wilson chegou e me estendeu a mão. Daquele minuto pra frente, minhas mãos (caipiras, então) foram, pra sempre, outras.

A partir do meu momento "aperto de mão com o mestre", o foco já era outro, o assunto era outro, o método era outro, o tudo e o todo já eram outros.

Wilson Curia era mestre em trabalhar a vocação e em lapidar talentos. Wilson era bem mais que um professor. Wilson

Curia era um tremendo, um grandíssimo guru! Nas nossas aulas, Wilson muitas vezes me lembrava um monge, um sacerdote do ensino e do piano! Havia a cada segundo de aula aquele amor raro pela engenharia harmônica e melódica das coisas musicais do Brasil. Esse amor tão escasso hoje em dia... Para além desse amor, Wilson esbanjava o também raro dom da didática. E o raríssimo amor pelo saber e pelo redescobrir. Ele tinha e distribuía generosamente a sabedoria paciente de arrumar a casa, aquela casa bagunçada com acordes empilhados e melodias jogadas pelo chão, aquela bagunça que vai se criando na cabeça musical de todo pianista. E havia ainda em cada aula do mestre o amor incondicional pelo ofício, e pelo ensino. Wilson Curia me ensinou que o amor pelo caminhar e pelo caminho muitas vezes é mais importante do que o destino a ser alcançado. Wilson, com seu exemplo irretocável de vida, cumpriu o indefectível e inevitável destino dos mestres: eternizar-se. O verdadeiro mestre se eterniza em cada aluno. Wilson Curia se eternizou em cada história musical que seus alunos contariam dali pra frente. Eternizou-se, portanto, na narrativa histórica do piano brasileiro. Wilson Curia é hoje página eternizada do piano do Brasil e, portanto, do piano universal!

 E eu (hoje, ainda caipira) levo esse amor pelo caminhar e pelo caminho comigo. O amor que o mestre me mostrou logo no primeiro dia. Ele eternizado em cada tecla que toco, e o amor em cada nota que meus dedos (ainda caipiras, graças a Deus!) ainda hão de tocar.

Marcos Romera
aluno de Wilson Curia com gratidão e orgulho

CAPÍTULO 1

Quando a luz dos olhos teus e a luz dos olhos meus resolveram se encontrar

O acaso ou o destino — ou ainda, quem sabe, um anjo harpista — uniu as vidas de Lucy e Wilson. Um encontro inusitado fez com que o professor de música de 36 anos seguisse a jovem pedagoga de 26 até a casa dela naquele dia 6 de junho de 1969. No mesmo ano em que o homem chegou à Lua, Caetano Veloso e Gilberto Gil estavam exilados em Londres, Pelé fez seu milésimo gol e aconteceu a terceira edição do Festival de Jazz de Montreux.

> Eu morava na rua Dr. Diogo de Faria, na Vila Clementino, mas costumava frequentar um salão de beleza, na Vila Mariana, chamado Manolo. Naquela tarde, saí do salão e estava entrando no meu Karmann-Ghia, quando um rapaz, num carro igual, passou em frente ao salão e me olhou. No caminho, percebi que ele começou a me seguir. Cheguei em casa, e, após um tempo, nossa funcionária me disse que um Karmann-Ghia havia passado umas três vezes em nossa rua. O que lhe chamou a atenção foi o fato de o rapaz diminuir a velocidade do carro e olhar para nossa fachada todas as vezes que passava em frente a ela.

Wilson não teve coragem para tocar a campainha, porém não desistiu de reencontrar sua musa. Depois de uma semana, seus Karmann-Ghias se emparelharam novamente pelas ruas da Vila Mariana. A mãe conversava animada com Lucy quando percebeu um rapaz no carro ao lado, pouco preocupado com o trânsito e de olhos compridos para a filha.

> Contei para minha mãe que aquele era o rapaz que havia me seguido e ela, sem a menor cerimônia, acenou para ele. Quando chegamos em casa, o telefone tocou. Ela atendeu, e, do outro lado da linha, o rapaz perguntou se era dali que estavam vendendo um Karmann-Ghia. Minha mãe não titubeou e respondeu: 'Você quer falar com a minha filha?'. Ela me passou o telefone, e começamos a conversar.

A conversa se estendeu e, depois de alguns telefonemas, Wilson convidou Lucy para lanchar no Jardim de Inverno Fasano, que, na época, era na avenida Paulista, esquina com a rua Augusta. O namoro engatou. Depois de algumas semanas, Lucy começou a estranhar que os encontros entre eles aconteciam de forma bem irregular, e numa tarde o rapaz disse, em tom sério, que iria se afastar um pouco, porque precisava resolver umas questões. Depois de pouco tempo, ela ficou sabendo que as questões se referiam a duas outras pretendentes com quem ele ainda se encontrava.

> Poderia ter ficado chateada ou brava, mas, como o namoro estava bem no começo, percebi que ele optou por colocar tudo às claras e estava fazendo uma escolha para sua vida: ficar comigo. Naquele momento, também fiz minha escolha. Seguimos juntos.

Desde o início, o casal teve incentivadores. Os pais de Wilson, Carolina Tassini Curia e Eduardo Curia, se encantaram com a futura nora, e Lucy foi recebida na família como uma filha. Primeiro, foi convidada para os almoços aos domingos e, depois de alguns meses, frequentava a casa quase diariamente.

> Eu me formei em pedagogia, mas não quis atuar na área. Na época, trabalhava meio período no Banco Itaú, e quase todos os dias depois do expediente ia para a casa do Wilson. Dona Carolina me recebia com pratos deliciosos que guardava para mim. Nossa conversa se animava, enquanto eu me deleitava com as incríveis macarronadas e esperava ele terminar de dar suas aulas de piano.

Fato é que algumas coincidências da vida ou quem sabe nosso anjinho harpista já vinha aproximando as famílias havia algum tempo.

> A família da minha mãe, quando ela ainda era adolescente, e a do pai do Wilson moravam na rua Nilo, apenas seiscentos metros de distância uma da outra. Quando seu Eduardo e meu pai eram crianças, eles moravam no Bom Retiro e compravam pão no mesmo lugar, o bar e mercearia de Jacob Givertz. Não se conheceram naquela época. Quando eu tinha 6 anos, ia brincar com uma amiga que morava na rua Fabrício Vampré, onde vivia Wilson. Quando fiz meu curso de datilografia, parava o carro bem em frente à casa dos meus sogros. E, finalmente, minha mãe e minha sogra frequentavam o mesmo cabeleireiro, na avenida Rodrigues Alves. Então, nós estávamos bem próximos e nem sabíamos.

Porém, no início de 1970, quem não estava confortável em ver a filha namorando um músico eram os pais de Lucy, Joseph Pierce Meriwether e Enedina de Mattos Meriwether. Afinal, para quem esperava um genro advogado, médico ou engenheiro, músico nem sequer era profissão. Que segurança um artista poderia proporcionar à filha que eles criaram com todo cuidado? Entretanto, se nem a rivalidade entre os Montecchio e os Capuleto conseguiu separar um grande amor, imagine então se a insegurança dos Meriwether conseguiria. E o namoro seguiu firme.

Na casa de Lucy, o costume era ouvir música clássica ou os temas dos musicais da Broadway. No entanto, ainda sem saber que o amor é bossa nova, como bem disse Jabor, e cantou Rita Lee anos depois, Wilson apresentou o estilo à namorada. Como não podia deixar de ser, também apresentou o jazz, e ela se encantou. Nada como a sensibilidade de um homem duplamente apaixonado, por Lucy e pela música, para tocar o coração da amada. Foram tardes conversando, ouvindo e tocando muita bossa nova e jazz.

> *De tantas músicas que ouvíamos naquela época, uma me marcou e até hoje sinto que diz muito sobre nós: 'Só tinha de ser com você', do Tom Jobim.*

Bem antes de os dois se conhecerem, no começo dos anos 1960, a música fervilhava nas casas noturnas de São Paulo. A maioria tinha um pianista ou um trio. Era fácil encontrar artistas como Dick Farney, Johnny Alf, Moacyr Peixoto, entre tantos outros, tocando noite adentro. Naquela época, Wilson também se apresentava em casas noturnas e restaurantes, substituindo amigos que não podiam tocar por algum motivo.

Foi somente no início dos anos 1970 que ele decidiu não ir mais tocar na noite e resolveu seguir fazendo o que mais gostava: ensinar. Isso, no entanto, não o impediu de levar Lucy a alguns de seus lugares preferidos: o Bar e Restaurante Baiuca, que nasceu na boêmia rua Major Sertório e, depois de um ano, mudou-se para a Praça Roosevelt. E iam, ainda, à Stardust, boate fundada pelo pianista russo Alan Gordin, frequentada pela nata da sociedade paulistana.

O amor seguiu seu curso, e Wilson percebeu que já não podia mais viver sem o brilho dos olhos de Lucy por perto: encontrou o que só o amor acharia, por isso a luz dos olhos deles precisava casá-los. No dia 8 de novembro de 1970, Wilson e seus pais foram até a casa da noiva para fazer o pedido oficial de casamento a Joseph e Enedina. Depois de seis meses e muitos preparativos, o evento aconteceu na Capela São Pedro e São Paulo, no dia 7 de maio de 1971, às 19h, na presença da família e de muitos amigos.

> *Minha família é metodista, mas concordou que a cerimônia fosse realizada na igreja católica. Eu queria uma capela pequena, e o Wilson também. O engraçado foi que, devido ao tamanho do local, muitos convidados nem conseguiram entrar.*

Depois da cerimônia religiosa, a comemoração foi simples, apenas com as famílias dos noivos, em uma reunião na casa dos pais de Lucy. Naquele pequeno evento, veio à tona mais uma coincidência da vida do casal.

> *O bolo e os doces para a reunião foram feitos por uma amiga da minha família, dona Nair de Freitas, esposa do Edson de Freitas, professor de francês com quem eu e Wilson tivemos aulas. Fiz o clássico no Mackenzie, em 1960, e o Wilson, o colegial no Bandeirantes, em 1950.*

O casal seguiu para lua de mel em Santos, porque Wilson detestava aviões, e Lucy respeitou seus medos. Voltando para São Paulo, foram morar num pequeno apartamento na Avenida Conselheiro Rodrigues Alves, comprado por Wilson bem antes de conhecer a esposa. Foi lá que Lucy engravidou. No fim da gravidez, uma amiga da família, dona Elvira Cruttenden, dizia que, pelo formato da barriga, seria um menino. Wilson afirmava, convicto, que era uma menina e iria se chamar Thais, porque era um nome curto e não teria um apelido. Ledo engano.

> Com o tempo, algumas pessoas começaram a chamar a Thais de Tatá, meu cunhado a chamava de Tates e, depois, até o Wilson começou a chamá-la de Neca, de "boneca".

A gravidez foi muito tranquila. Tudo estava em ordem, e a expectativa era de que o parto transcorresse bem.

> No entanto, meu parto não foi nada fácil. Precisaram fazer um fórceps baixo, e, logo depois que a Thais nasceu, tive uma hemorragia que não cedia e quase morri. Fiz várias transfusões de sangue e precisei de três meses para me recuperar. Minha mãe cuidava de mim durante o dia, e uma enfermeira, à noite. Fiquei triste porque não consegui amamentar a Thais, mas sabia que o mais importante naquele momento era recuperar a minha saúde para poder cuidar dela.

Thais foi batizada quando completou 1 ano, no dia 27 de fevereiro de 1973, na igreja de São Judas Tadeu, pelo padre Gregório, amigo da família e grande conselheiro de Wilson.

> Foi uma cerimônia simples, somente com os padrinhos, Elsie Tassini Biagi e Brasil Biagi, meus sogros, meu cunhado Carlinhos e meu pai, pois minha mãe já havia falecido. À tarde, na casa do meu pai, fizemos uma festa para comemorar o aniversário de Thais.

Em dois anos, o pequeno apartamento da avenida Conselheiro Rodrigues Alves não comportava mais a família e, principalmente, o sonho de Wilson de ter um piano em casa. Com a venda de um terreno deixado pela mãe de Lucy para a neta Thais, eles compraram a casa no Brooklin Velho, onde moraram juntos por 44 anos.

> *Escolhemos o Brooklin, porque encontramos uma casa que comportava as nossas necessidades e também porque ali moravam alguns primos do Wilson. E, claro, tinha espaço suficiente para um piano.*

Só que Wilson não queria apenas um piano, ele sonhava com o Steinway & Sons, considerado um dos melhores do mundo, cuja primeira fábrica foi criada em 1853 pelo alemão Heinrich Steinweg, em Nova York, e a segunda em 1880, em Hamburgo, na Alemanha. A qualidade dos instrumentos conquistou o reconhecimento dos maiores pianistas do planeta, e Wilson não ficou de fora. Lucy decidiu realizar o sonho do marido e lhe deu de presente aquela verdadeira obra de arte em forma de piano.

Como a marca não tinha um representante no Brasil, Wilson pediu ajuda à pianista e grande dama do jazz, Marian McPartland, para facilitar o processo da compra, em 1975. A amizade entre os dois começou bem antes, em 1960, e surgiu da admiração de Wilson pela artista. Depois de ouvir seus discos de jazz e comprar alguns de seus livros, ele decidiu entrar em contato com ela. Em uma época na qual não havia e-mail, muito menos WhatsApp, tudo aconteceu por meio das boas e velhas cartas. Depois de várias correspondências, Marian também conheceu o trabalho desenvolvido por Wilson, e a amizade entre os dois se fortaleceu.

O carinho de Marian pelo casal Curia foi demonstrado pela linda valsa dedicada à Thais, em 1972, incluída em um dos long-plays da pianista. A artista também veio ao Brasil, a convite de Wilson, para participar de dois seminários de música organizados por ele, em São Paulo. Durante tais eventos, além dos recitais, Marian deu aulas de jazz para pianistas formados e professores.

Com o intuito de efetivar a compra do piano, várias correspondências foram trocadas até chegar o dia 29 de outubro de

1975, quando Marian foi até a loja da Steinway Hall, em Nova York, para encomendar o exemplar tão sonhado por Wilson.

> O processo durou vários meses, desde a escolha do modelo – um L'Ebonized case, série 444,116 (F-1027), com comprimento de 180 cm – até o transporte para o Brasil. Acompanhamos todas as etapas, passando pelo trajeto de navio e a vinda de Santos para São Paulo. No dia em que o piano chegou em casa, Wilson ficou na janela acompanhando cada movimento para ele entrar em perfeita segurança.

A chegada do piano reforçou uma idiossincrasia do artista. Como Wilson detestava o cheiro de comidas, Lucy nunca cozinhou em casa enquanto ele estivesse presente. Todos os dias, o casal ia almoçar e jantar na casa dos pais de Wilson. Quando Thais começou a frequentar o colégio pela manhã e Wilson dava aulas em sua escola, na Vila Mariana, Lucy aproveitava para cozinhar algumas poucas coisas.

> Todo artista tem suas peculiaridades, e Wilson preferia comer na casa da mãe dele. Aprendi a conviver com o jeito dele e sei que, graças a isso, vivemos tantos anos juntos. Eu o conhecia tão bem que sentia o humor dele pela forma como entrava em casa. Certa vez, cortei meu cabelo curto, e ele ficou muito chateado e nervoso. No dia seguinte, me mandou flores com um cartão prometendo melhorar e uma semana depois compôs 'Blues for Lucy'.

Numa casa em que não se respirava o cheiro de feijão, e sim de música, Lucy foi deixando notas, ritmos e melodias percorrerem sua vida e seu corpo e, assim, com o ouvido cada vez mais apurado, conseguia identificar diversos artistas do jazz apenas com algumas notas.

Wilson mantinha o posto de professor e gostava de testar a capacidade da esposa, colocando vários pequenos trechos de diferentes compositores de jazz para que ela descobrisse quem eram. Lucy acertava todos, para orgulho do mestre. Com uma aluna tão exemplar em casa, Wilson resolveu desenvolver um novo curso; Lucy foi seu piloto de prova.

> Ele decidiu que iria criar um novo método, chamado 'Piano de ouvido', e eu testei para ver se funcionava. E funcionou. Aprendi tudo com ele, de uma forma natural, porque a música estava presente em todos os momentos. Ele chegava em casa, depois de dar aula, e ia direto para o piano tocar. Às vezes, eu me preocupava se o som estava alto e iria incomodar as vizinhas, mas elas gostavam. Uma delas colocava uma cadeira no quintal só para ouvir o Wilson.

O sucesso dele certamente vinha de seu talento incontestável e sua imensa dedicação, porém também das mulheres da família, sempre a seu lado, vivendo junto com ele o universo da música.

> Pela manhã, Thais ia para colégio e, à tarde, como eu trabalhava como secretária na escola de piano do Wilson, na Alameda dos Guaramomis, ela fazia aulas de arte, balé, inglês, natação, tudo pertinho dali. E, um dia por semana, tinha aula de música também.

Os estudos da filha renderam frutos. Quando ela tinha apenas 7 anos, foi convidada para interpretar a canção "Feelings", de Morris Albert, em dueto de piano com Fábio Ribeiro Lima, na TV 2. Enquanto Thais se dedicava aos estudos de piano, a mãe cuidava das questões administrativas da escola e ajudava na produção dos cursos.

> Além de cuidar da parte burocrática, eu ajudava o Wilson a montar os cursos para cada aluno, porque a escola não funcionava como um conservatório, com todos os cursos prontos. Wilson fazia uma entrevista, e o aluno podia escolher a qual estilo queria se dedicar: música popular brasileira, piano-bar, harmonia e improvisação, entre outros. Para cada discípulo, havia especificações diferentes, que Wilson preparava, e eu datilografava; tudo na máquina de escrever.

A paixão por ensinar e o carinho pelos alunos faziam de Wilson e Lucy uma dupla perfeita para acolher a todos que se interessassem por aprender música. Importante destacar que o resultado financeiro da escola não estava no topo da lista de prioridades do casal. Wilson não se importava em cobrar uma mensalidade abaixo do que suas qualidades como professor mereciam, e Lucy não perdia a oportunidade de ajudar quem não tinha condições de arcar com o investimento. Para o casal, ver alguém apaixonado por aprender era o que motivava manter viva a escola.

> Nós sabíamos de alunos que não moravam em São Paulo e vinham até aqui só para ter aulas com o Wilson, mesmo não tendo condições financeiras para isso. Eu me lembro do aluno Wesley Miranda, que não tinha piano em casa e andava quilômetros para chegar até a igreja da cidade de Periquitos, em Minas Gerais, onde podia tocar e estudar. Para quem tinha como missão de vida ensinar, como o Wilson, era natural ajudar e proporcionar oportunidades para que esses alunos não abandonassem os estudos.

A fama de Wilson como professor atraía alunos de todas as idades, níveis sociais e musicais. A escola recebia pessoas de famílias tradicionais de São Paulo e crianças que estavam começando a aprender as primeiras notas, e até mesmo profissionais que vinham aperfeiçoar suas técnicas.

> Para as crianças e iniciantes, a escola tinha um método de alfabetização musical, que dava uma noção do clássico e do popular, e todos precisavam passar por aquela etapa para depois seguirem com as demais fases do aprendizado. Tínhamos também alunos que já tocavam profissionalmente, como Hector Costita, Marcos Romera e Maestro Branco, entre tantos outros, que escolhiam o que queriam aprender com o Wilson.

Não era só na escola que Wilson contava com o apoio e o carinho da esposa e da filha. Em casa, elas também o ajudavam a lidar com assuntos cotidianos de maneira criativa, já que para ele o que mais importava era a música.

> A cor preferida de Wilson era o azul, e ele não tinha a menor noção de como combinar as cores ao se vestir. Para driblar essa dificuldade e não deixar o pai fazer feio em público, Thais desenvolveu uma tabela de combinações de calças, camisas e malhas, e colocou na porta do armário dele.

Quando não precisava lidar com cores e combinações, Wilson fazia suas escolhas e para a maior parte delas era metódico. Toda terça-feira, fazia um pedido para a Pizzaria Aeroporto: uma pizza de muçarela sem orégano. Quando ia buscar, aproximava o carro, dava um sinal de luz, e o porteiro já entregava a pizza. As quartas-feiras à tarde eram sagradas: ele não dava aulas para visitar o irmão na galeria de arte. Aos sábados, depois do almoço, era assíduo da Banca Europa, onde comprava suas revistas de música importadas. Aos domingos, ia com a família à missa da Paróquia de Santo Ivo, no Jardim Lusitânia.

A partir de 2005, uma nova rotina foi incorporada às tardes de sábado: tocar piano na casa de Luiz Chaves (contrabaixo), juntamente com Aldo Scaglione (guitarra) e o pai deste, Horácio Scaglione (cordas).

Todo dia 28, ia rezar na igreja São Judas Tadeu, de quem era devoto. Só cortava os cabelos com o barbeiro Orlando Loyola desde os 15 anos. A conta bancária, que abriu aos 20 anos, permaneceu no mesmo banco a vida inteira. O mecânico, a quem ele confiava os carros desde 1972, era o Chico, da Mecânica Santa Izildinha.

> Ele tinha muito xodó por seus carros e não deixava nem eu nem a Thais guiarmos. Antes de sair para a escola dirigindo, vinha uma pessoa aqui em casa só para deixar o carro limpinho. Durante sua vida, ele teve oito carros: o primeiro foi um Packard, depois teve um Karmann-Ghia branco de capota vermelha, na sequência teve um Puma amarelo, um Fusca azul-marinho, um Chevrolet Opala vermelho-marte, um Dodge Charger branco com capota cinza, um Monza cinza, um Corcel LDO verde-ciano e, por último, um Voyage cinza.

Havia alguns objetos que Wilson considerava verdadeiros amuletos para dar sorte, como as sete medalhas religiosas que ganhara de antigas namoradas e nunca tirou do pescoço. Outros eram motivos de um conforto do qual ele também não abria mão.

> Desde o tempo de solteiro, Wilson tinha um sapatinho azul feito de lã para aquecer o pé. Numa noite de sexta-feira, na casa do primo Márcio, ele disse que dormia com o sapatinho. Ao ouvir isso, Sandra, esposa do Márcio, disse que era para eu jogar aquele fora e fez um outro par, que Wilson passou a usar.

O jeito metódico de Wilson não tirava férias, e, quando ia para a praia, no Guarujá, a rotina era sempre a mesma: acordava às 8h30 para ir à praia às 10h e voltar às 11h. Almoçava às 12h30, no Restaurante Dalmo, e lanchava às 18h30.

> Meu sogro comprou um terreno no Jardim Virgínia, no Guarujá. Dividiu o terreno ao meio e fez um sorteio entre os filhos para saber de quem seria a área construída. Wilson ganhou. Também íamos para Serra Negra. Lá ficávamos num sítio do meu pai, chamado Sete Voltas, e todos os dias almoçávamos no Hotel Fredy e, quando íamos para Poços de Caldas, ficávamos no Hotel Minas Gerais.
>
> Wilson nunca descuidou da saúde. Pelo contrário: era hipocondríaco, sempre pesquisando doenças em livros, lendo todas as bulas de remédio, chegando até a discutir com os médicos seus diagnósticos. Não bebia bebidas alcoólicas, e a única operação que precisou realizar foi a da válvula mitral, supervisionada por seu aluno e excelente cardiologista, dr. Eulógio Emílio Martinez Filho.

Uma das paixões gastronômicas de Wilson eram os doces, e ele gostava de escolher os lugares onde ia comer seus preferidos.

> Quando ele ia ao centro, não dispensava a bomba de creme da Confeitaria Dulca, da rua Vieira de Carvalho. Nós dois íamos muito à Doceria Brunella para ele comer a bomba de avelã e, quando nos mudamos para o Brooklin, frequentávamos a Confeitaria Christina, onde ele gostava de comer mil-folhas e tortinhas de frutas. Outra paixão era o bolo Martha Rocha da Confeitaria Sweet Cake, feito de pão de ló branco e de chocolate, recheado com creme de baunilha, disco de suspiro, chantilly, crocante, doce de damasco e cobertura de marshmallow e calda de amora.

Wilson aprendeu a apreciar doces com os pais, que gostavam de iguarias e não abriam mão de algumas delícias.

> Meu sogro me levava todo dia 19 de março, para comemorar o dia de São José, o doce Zeppole di San Giuseppe, uma saborosa rosquinha frita recheada de creme e coberta de açúcar. No Natal, era tradição na casa da minha sogra a sobremesa do almoço do dia 25 ser o bolo mil-folhas, encomendado da Doceria São Gabriel, e o Wilson era o encarregado de pegar o doce. Eu me lembro de um Natal, quando a Thais tinha 5 anos, em que nós fomos com ele pegar o bolo. Ele desceu, e nós ficamos no carro. A doceria estava muito lotada, e de repente ele apareceu com o bolo. Eu estranhei. Ele simplesmente pegou o primeiro mil-folhas anunciado, que estava no balcão porque a pessoa que comprou tinha ido ao banheiro.

Sexta-feira era dia de comer doce na casa do primo Márcio Curia e sua esposa, Sandra. Lucy e Wilson chegavam no início da noite, e a conversa era embalada por um bom cafezinho. O bate-papo sempre tinha espaço para os temas favoritos de Wilson, Márcio e o filho deste, Renato: Fórmula 1 e futebol.

Quando se tratava de pratos salgados, o melhor lugar era a casa da mãe, porém ele também tinha alguns restaurantes preferidos para degustar o que mais gostava.

> A pizza ele só comia de muçarela, de massa grossa e sem orégano, e íamos com frequência à Marguerita Pizzaria e ao Camelo. Sanduíches ele gostava de comer no Joakin's Hamburger, na New's Lanchonete e no Ponto Chic de Perdizes. No Lanches Frevo, da rua Oscar Freire, ele sempre pedia um beirute clássico, nunca com orégano. Na Casa das Massas, ele comia quase sempre um frango à milanesa, às vezes trocava por um espaguete ao sugo ou um ravióli de queijo, também ao sugo. Quando ainda éramos solteiros, gostávamos de ir ao

> Restaurante LongChamp, na rua Augusta. Lembro também que, um dia antes de eu ter a Thais, fomos a esse restaurante. Eu comi um americano, e o Wilson, um sanduíche de filé com queijo.

Outro costume do casal, esse da época de solteiros, era frequentar a Casa de Chá Yara, ponto de encontro dos jovens dos anos 1960 e início dos anos 1970.

> A Casa de Chá Yara foi eternizada por uma composição de Jorge Benjor chamada 'Menina gata Augusta'. Eu me lembro de alguns versos até hoje: 'Menina gata Augusta, menina Augusta gata, sobe e desce, desce e sobe, sobe e desce até cansar. Depois vai pro Yara lanchar, contando os babados e tomando o seu chá'. Não sabemos se Jorge conseguiu conquistar o coração da menina gata Augusta, o que sei é que ele se casou com Domingas, um mês depois do nosso casamento, na mesma Capela São Pedro e São Paulo, onde nos casamos.

O gosto de Wilson pelo turfe veio junto com o interesse do irmão que, nos anos 1970, comprou uma égua chamada Tabarim, em parceria com um amigo. Ela ficava em São Paulo, no Studio Carlos Eduardo & Cajado, e Wilson e o irmão iam com frequência vê-la correr.

> Nessa época, também fui algumas vezes ao Jockey Clube. Não entendia muito de corrida de cavalo, mas gostava de ver Wilson fazer uma fezinha e torcer.

Tabarim também chegou a competir no Rio de Janeiro, e, para a felicidade dos três paulistanos que se abalaram até o Rio só para vê-la correr, a égua fez bonito e abocanhou o primeiro lugar. Wilson, Carlos Eduardo e o amigo Cajado voltaram para São Paulo mais do que felizes, com a medalha.

Apesar de apreciar as corridas e o Jockey Clube, Wilson não criava cavalos, gostava mesmo era de cachorros: os dois que o artista teve se chamaram Tobby. O primeiro Wilson ganhou quando tinha 10 anos, e o animal era da raça fox paulistinha. Ele viveu por cinco anos, porém sofreu um acidente ao pular a grade da casa e acabou morrendo. O segundo foi pego quando o pianista já estava casado, em 1996.

> Em 1995, tivemos uma grande perda com a morte da minha sogra e, na casa dela, ficou uma cachorrinha da raça Dachshund, de pelo curto. Depois de um ano, ela deu cria. Quando chegamos lá para ver, eu me apaixonei por um filhote pretinho com manchas marrons no peito e no focinho. Depois de três meses, decidimos ficar com ele, e Wilson sentenciou que o nome dele seria Tobby. Apesar de ter saúde frágil e demandar muitos cuidados, o cãozinho ficou conosco por 18 anos. Wilson dizia que Tobby viveu tanto tempo por causa da minha dedicação em cuidar dele.

Talvez tenha sido esse o segredo da longevidade do relacionamento de Lucy e Wilson: muito amor e dedicação, embalados por jazz e bossa nova.

*Karmann-Ghia de Lucy, em frente à
Capela São Pedro e São Paulo, em 1971.*

Karmann-Ghia de Wilson.

Casamento de Lucy e Wilson, em 1971.

Eduardo e Carolina, Enedina e Joseph, no casamento de Wilson e Lucy, em 1971.

Wilson, Lucy e Thais, em 1972.

*O piano Steinway & Sons na sala de
Lucy e Wilson, em 1975.*

*Partitura da música para Thais,
de Marian McPartland.*

O primeiro Tobby de Wilson, em 1945.

O segundo Tobby, em 1997.

CAPÍTULO 2

Como tudo começou

Quando Wilson nasceu, na casa de seus pais, no dia 24 de julho de 1933, às 8h30, de parto normal, a família morava na avenida Independência, 73, no bairro do Cambuci. Depois de poucos anos, a família mudou-se para a Vila Mariana. Primeiro, para a rua Pelotas e, quando Wilson completou 10 anos, para o número 111 da rua Fabrício Vampré, de onde ele só saiu para se casar, em 1971.

Foram muitos bons os momentos que a família Curia viveu naquela rua, conhecida como a Vila das Jabuticabeiras. A rua Fabrício Vampré recebeu esse carinhoso codinome porque, nos quintais das casas, havia pés de jabuticaba. Seu formato em U, começando e terminando na avenida Conselheiro Rodrigues Alves, garantia a calma e o sossego dos moradores, e o silêncio só era quebrado pelo canto de sabiás e bem-te-vis.

Com três avós italianos, Wilson gostava de ouvir as histórias de quando ainda moravam na Itália. Giacomo Curia, seu avô paterno, era da cidade de Rossano (Reggio Calabria). A avó, Thereza Christalde, nasceu no Brasil, em São João da Boa Vista. O avô materno, Dante Tassini, era da Lombardia (Suzzara), e a avó, Catharina Moretti Tassini, veio da região de Mantua. O pai de Wilson, Eduardo Curia, nasceu no Brasil e, muito cedo, começou a trabalhar na montadora Ford, em São Bernardo. Carolina Tassini Curia, a mãe do pianista, também nasceu no Brasil e, desde os 7 anos, estudava piano no Conservatório Dramático e Musical de São Paulo, no centro da cidade.

> *Quando dona Carolina ainda era solteira e morava no Cambuci, Zequinha de Abreu costumava passar pelas ruas do bairro vendendo suas partituras. Como ele sabia que ela estudava música, tocava a campainha e era convidado a entrar e mostrar algumas de suas novas composições ao piano. Ela escolhia as que mais gostava e sempre comprava várias. Depois os dois tomavam um chá.*

Carolina e Eduardo se casaram em 10 de novembro de 1931, e em 1935 Eduardo se juntou a Reynaldo Graupner para fundar uma loja de rádios, acessórios e materiais elétricos, na rua São Bento, 540, a Casa Rádio Luz. Em 1942, Eduardo comprou a parte do sócio e convidou seus irmãos, Rodolfo, Giácomo, Adhemar e Arnaldo, para trabalharem com ele.

A Casa Rádio Luz importava mercadorias de várias partes do mundo e vendia para todo o Brasil. Com o empenho dos irmãos Curia, o empreendimento cresceu e teve muito sucesso, tornando-se uma referência em seu ramo de atuação. No final do ano, a decoração de Natal da fachada da loja era um ponto de atração para os transeuntes do centro de São Paulo.

> *Os jantares organizados para celebrar os aniversários da Rádio Luz eram um verdadeiro acontecimento na vida social paulistana. O 15º aniversário foi comemorado com um jantar de gala, no Clube Comercial, para mais de trezentas pessoas, com a presença de diversas personalidades do comércio da capital, além de diretores das Federações Comercial e Industrial. Nomes ilustres e representantes da alta sociedade, assim como diversos políticos, também estiveram no evento.*

Quando Wilson nasceu, Eduardo e Carolina moravam ao lado da casa dos pais dela, e sua irmã, Elsie Tassini Biagi, gostava muito de ajudar com o bebê. Quando chegava da escola, depois do almoço, a tia passava as tardes com o sobrinho.

> Certa vez, Wilson estava com tosse comprida, e dona Carolina pegou o remédio para dar a ele. Quando a colher já estava quase na boca, Elsie deu um tapa na mão da minha sogra, que se assustou. Foi quando dona Carolina percebeu que, em vez do xarope, estava dando terebentina para o filho.

O único irmão de Wilson, Carlos Eduardo (Carlinhos), nasceu um ano depois dele, e a ligação de amizade e o amor dos dois perduraram pela vida. Sempre que possível, eles estavam juntos.

> Quando pequeno, Carlinhos não conseguia falar 'Wilson' e chamava o irmão de 'Ati'. O apelido ficou para vida toda, e alguns amigos mais chegados também o chamavam assim.

A infância dos irmãos foi cercada de muito carinho e regalias. Na época do Natal, o pai contratava um de seus funcionários da loja para se vestir de Papai Noel e, antes da meia-noite, ele entrava sorrateiramente na casa. Dona Carolina chamava os filhos para ficarem com ela, escondidos no topo da escada, enquanto observavam os presentes serem colocados em vários cantos da sala. Ao sair, Papai Noel deixava um pedaço de pano vermelho na porta como se tivesse escapado às pressas e perdido uma pequena parte da roupa, que serviria como prova de sua existência para os meninos mostrarem aos amigos, no dia seguinte.

> Meus sogros compravam brinquedos na Casa São Nicolau, que ficava na Praça do Patriarca. A loja vendia uma grande variedade de coisas, como pratarias, artigos esportivos e até roupas para caça, pesca e montaria, mas o que mais se destacava eram os brinquedos importados da Alemanha, que eram o sonho de muitas crianças. Wilson foi o primeiro menino da rua a ganhar uma bicicleta elétrica Peugeot, que

funcionava com bateria e acompanhava uma malinha de ferramentas. Quando completou 12 anos, ganhou seu primeiro aeromodelo, comprado na Casa Aerobrás. Ele tinha muita habilidade e montou alguns aviões, depois colocados à prova na hora do voo.

Dos quatro avós, o mais presente na vida dos netos era o *nonno* Dante, que todas as tardes ia visitar os meninos com os bolsos cheios de amendoins, que eles comiam felizes.

> Numa tarde, o avô dormia na poltrona, e os dois irmãos cortaram seu colete em tiras e jogaram miolo de pão na sua barba. Dona Carolina viu a cena, quis punir os garotos e, na hora, foi impedida por Dante, que sempre dizia que nos netos dele ninguém encostava a mão. O amor era recíproco; a ligação com o avô perdurou por toda a vida. Quando Wilson ganhou seu primeiro carro, Dante estava internado no hospital, mas o neto encontrou um jeito de compartilhar aquele momento. Foi até a rua em frente à janela do quarto onde o avô estava internado e buzinou até ele aparecer. Quando Dante morreu, Wilson foi durante um ano, todos os dias, ao cemitério da Vila Mariana, onde o *nonno* tinha sido enterrado.

Quando Wilson tinha 6 anos, eclodiu a Segunda Guerra Mundial, e, mesmo estando no Brasil, o artista sentiu algumas das dificuldades tão comuns em tempos de conflito: a escassez de alimentos.

> As padarias controlavam a quantidade de pão que era vendida por pessoa, e ele ia com a sua tia Sílvia Curia até o centro de São Paulo, na Praça da Sé, comprar pão na Padaria Santa Tereza. Ficavam quase duas horas na fila para conseguir trazer o alimento para casa.

Na adolescência, a casa da família Curia era o ponto de encontro dos amigos de Wilson e Carlos Eduardo: os rapazes passavam as tardes conversando e comendo as delícias preparadas por dona Carolina. Às vezes, as conversas se estendiam até tarde da noite, e todos se sentiam à vontade para ficar na calçada daquela rua tão amistosa e segura.

> *Algumas amizades que Wilson e Carlinhos fizeram, logo que chegaram à rua Fabrício Vampré, como as com Jorge Salomão Jorge e Arthur Aizemberg, foram muito intensas e duraram a vida inteira. Meus sogros foram padrinhos de casamento do Jorge e da Marisa Del Guerra, e quem escolheu o nome da primeira filha deles, a Mônica, foi o Wilson. O Arthur também era muito amigo, e, quando a mãe dele morreu, meus sogros lhe deram todo o suporte emocional. Muitas vezes, o rapaz ia passar férias com eles em Poços de Caldas. Arthur considerava meus sogros como seus segundos pais e, já adulto, no escritório, mantinha uma foto de seu Eduardo e de dona Carolina.*

Aos sábados, os jovens não perdiam as exibições de filmes do Cine Cruzeiro, que ficava na avenida Domingos de Moraes e tinha uma programação com seriados, bangue-bangues e desenhos animados. Os amigos se divertiam com os seriados, que sempre terminavam com uma perseguição ao mocinho e culminavam com uma espetacular queda do cavalo. A curiosidade para saber se o galã havia ou não sobrevivido ao tombo levava todos ao Cine Cruzeiro no sábado seguinte. A noite era dedicada aos bailes organizados a cada semana na casa de um dos amigos.

A influência e o carisma da família Curia ultrapassavam os limites da Vila Mariana, e os jantares preparados pelo restaurante Fasano chegavam à casa para servir ícones da política e do clero paulista da época, como Adhemar de

Barros e sua esposa, Leonor Mendes de Barros, Jânio e Eloá Quadros, e o arcebispo de São Paulo, Dom Carlos Carmelo de Vasconcellos Motta.

> " Quando Adhemar de Barros era governador de São Paulo e estava brigado com a Igreja, foi na casa dos meus sogros que eles fizeram as pazes. Seu Eduardo e dona Carolina fizeram um jantar e convidaram o Adhemar e o cardeal Dom Vasconcellos Motta. Assim que eles chegaram, meu sogro os colocou numa sala, fechou a porta, e os dois conversaram.

As férias e os carnavais eram passados em Poços de Caldas — algumas vezes no Palace Hotel, inaugurado em 1929 e projetado pelo arquiteto Eduardo Pederneiras, com o objetivo de colocar a cidade na lista das estâncias hidrominerais mais frequentadas das Américas. Outras vezes, a família ficava no Quisisana Hotel, que era de um grande amigo de Wilson, Vivaldi Leite Ribeiro. Num dos salões do Quisisana, que chegou a ser considerado um dos mais luxuosos hotéis de seu tempo, havia um piano, e, sempre depois do jantar, Wilson se sentava para tocar. Certa vez, os músicos contratados pelo hotel chegaram, e Wilson prontamente se levantou. Eles, porém, não deixaram o jovem sair e o convidaram para tocar com eles naquela noite.

> " No Palace Hotel, certa noite, o Wilson estava dançando, e a música parou para começar o show de um artista. O músico entrou com o violão no ombro, e a maior parte das pessoas não o reconheceu, pois ele estava bem no início da carreira. Tentando agradar a plateia, ele tocava uma música, depois fazia uma piada, apertava um botão na lapela e saía água. Era o Roberto Carlos. Naquela sala, ninguém imaginaria que algum tempo depois, em 1963, ele conquistaria o sucesso com a versão 'Splish Splash', de Bobby Darin e o DJ Murray the K,

na versão brasileira de Erasmo Carlos. Em 1965, ele, junto com Wanderléa e Erasmo, comandaria o programa icônico da TV Record, Jovem Guarda.

O gosto de Wilson pela música começou cedo. Quando tinha 10 anos, costumava ir à casa de sua tia Sílvia, que tinha um piano. Seu tio, Arnaldo Curia, gostava de brincar tocando com dois dedos o instrumento, e aqueles sons já o encantavam. Aos 12, Wilson gostava de jogar futebol com os amigos num campinho perto de sua casa. No caminho, passavam em frente a uma casa onde alguém tocava piano. Wilson parava para ouvir, e os amigos seguiam em frente. Foi, entretanto, aos 13 que ele começou de fato a estudar o instrumento. Primeiro, foram aulas particulares com o professor Alonso Duran; depois, teve aulas com Hans-Joachim Koellreutter, Maria Helena Silveira e Nellie Braga.

> *Maria Helena deu aulas de música erudita para Wilson. Foi mais do que uma professora; a amizade deles durou a vida inteira. Ela era também uma consultora para os cursos que o Wilson desenvolveu. Até um dia que disse para ele que também gostaria de consultá-lo em relação a dúvidas sobre a música popular.*

Wilson ganhou seu primeiro piano aos 15 anos, do pai. O instrumento era um exemplar da marca inglesa Kemble e permitiu que ele estudasse ainda mais. Durante um concerto no Teatro Cultura Artística, Wilson conheceu o músico e professor que iria mudar seu destino profissional. Com 17 anos, encantou-se ao ouvir o pianista húngaro Paul Urbach, recém-chegado ao Brasil. Ao final da apresentação, foi conhecer o músico e lhe pediu um cartão de visitas.

Alguns dias depois, ligou e ficou sabendo que ele dava aulas. Surpreendeu-se com os valores, uma vez que, à época, um professor costumava cobrar entre 80 e 120 cruzeiros por aula, e Paul cobrava 500. Comentou com o pai, dizendo que era muito caro, entretanto Eduardo disse que Wilson deveria tomar aula com ele.

> *Wilson sempre dizia que Paul foi seu ídolo e o professor que mais o influenciou, pois fez aquilo que todo bom mestre deve fazer por um aluno: inspirar e proporcionar admiração e confiança. Acredito que essa inspiração não foi apenas na parte criativa de tocar e de aperfeiçoar seus estudos, foi também na maneira como Wilson se dedicou a ensinar e transmitir aos seus alunos.*

A admiração de Wilson pelo professor tinha seus motivos. Paul Urbach dedicou sua vida à música; tinha uma admirável formação erudita, no entanto isso não o impediu de enveredar pelos caminhos do jazz, sendo um dos responsáveis por trazer o estilo para o Brasil. Em 1948, fundou em São Paulo a Academia de Jazz Pró-Arte, primeiro instituto do gênero na América Latina, onde, entre outros professores, destacaram-se Koellreutter em harmonia, orquestração e arranjo, e Cauby Peixoto em canto e vocal.

O primeiro trabalho de Paul no Brasil foi a execução de "Rhapsody in Blue", de Gershwin, na Rádio América, que resultou em uma apresentação com Camargo Guarnieri, no Teatro Municipal. No país, gravou doze discos e fez uma série de conferências sobre jazz, a convite da União Cultural Brasil-Estados Unidos. Também organizou eventos musicais em São Paulo, entre eles diversas *jams sessions* nos anos 1950 com seus alunos (nas quais Wilson sempre esteve presente), além do Festival Moderno de Piano, em 1960. Em novembro de 1976, Wilson participou do Concerto de Jazz, no Auditório Villa-Lobos, com Urbach, acompanhados de Zeca Assumpção no contrabaixo e Jayme Pladevall na bateria.

> O primeiro metrônomo que Wilson teve foi um presente do Paul, e, mesmo quando o professor deixou de lecionar, Wilson o visitava em sua casa uma vez por mês. Algumas vezes eu ia junto, e dona Hedy, esposa dele, nos servia uma torta de maçã que Wilson amava. Eram tardes muito agradáveis, em que a boa conversa se misturava à música da melhor qualidade. Um pouco antes de Paul falecer, dona Hedy nos ligou dizendo que ele queria nos ver. Wilson, Thais e eu fomos visitá-lo.

Estudar música sempre fez parte da vida de Wilson, pois para ele era imprescindível continuar aprendendo para se manter atualizado. A música erudita o ajudou muito no desenvolvimento do jazz, principalmente na parte técnica, que exigia muito estudo. Alguns dos compositores clássicos que ele admirava eram Frédéric Chopin, Claude Debussy e Erik Satie.

> Ele estudava técnica todos os dias. Chegava à noite em casa, da escola, e colocava a luva que importou dos Estados Unidos, em 1965, com esse objetivo. Era uma luva de couro preta, e, na ponta dos dedos, onde ficam as falanges distais, tinha um peso de metal; eram vermelhas. Depois, Wilson ligava o baixo e a bateria, e tocava até tarde. Nos fins de semana, sempre lia seus livros e suas revistas de música e ouvia seus discos. Gostava de saber as novidades e se atualizar. Chegamos a ter uns dois mil discos aqui em casa. Wilson costumava dizer que seu estilo musical era uma mescla do estilo de alguns dos músicos que ouvia, como Bill Evans, Bud Powell, César Camargo Mariano, Dick Farney, Erroll Garner, Johnny Alf, João Donato e Oscar Peterson.

No princípio da vida universitária, quando ingressou no curso de Direito da Pontifícia Universidade Católica, em 1951, aconselhado pelo cardeal Dom Carlos de Vasconcelos Motta,

Wilson dividia seu tempo entre os estudos da faculdade, os cursos de música, as aulas de piano que dava para alguns amigos da PUC, além de algumas apresentações que já fazia na noite paulistana.

> *Um grande amigo que Wilson fez na PUC foi o Kalil Filho, que também não estava satisfeito com o curso e gostava de cabular aulas e ir aos bares do centro para ouvir jazz. Certa vez, eles estavam tentando fugir de uma aula e foram se esgueirando pelos corredores da faculdade, até que, de costas, abriram uma porta e entraram. Quando se viraram para ver onde estavam, perceberam que era uma capela, onde estava acontecendo um casamento. Talvez as tardes de jazz tenham levado Kalil a se dedicar ao jornalismo. Sorte nossa, pois ele se tornou o famoso Repórter Esso. O irmão dele, Jadyr Kalil, era aficionado por jazz e foi aluno do Wilson por muito tempo. Em 1978, ele comprou um posto de gasolina na esquina das ruas Joaquim Távora e Rio Grande, onde Wilson abastecia o carro todo sábado, e os dois conversavam quase meia hora sobre jazz.*

Nos anos 1950, ainda não havia muitas instituições voltadas para o ensino do jazz no Brasil, por isso Wilson logo percebeu que iria precisar falar, escrever e ler bem o inglês, a fim de se dedicar a seus estudos. Tirou de letra tal desafio. Em 1957, ele recebeu o certificado de proficiência em inglês da University of Michigan-English Language Institute, em uma cerimônia na sede social da União Cultural Brasil-Estados Unidos. O exame para a obtenção desse certificado era preparado pela Universidade de Michigan especialmente para alunos da língua inglesa residentes fora dos Estados Unidos.

Em 1958, o pianista concluiu seu primeiro curso internacional, "Arranjos para Banda de Dança", da University Extension Conservatory, de Illinois, Chicago. Em 1961, concluiu o curso "Harmonia Moderna" e, em 1963, o "Piano Avançado" — ambos da Empire State School of Music, de Nova Jersey. Em 1964, obteve o certificado da Ordem dos Músicos do Brasil. Em 1979, concluiu o curso "Robert Whitford Technic for Pianists". Já em 1985, recebeu o certificado de Roger Bates pelo curso "Improvisation & Creative Playing Course" e, em 1997, completou o "Jazz Keyboard 1", de Dick Groove.

> Naquela época, Wilson procurou essas instituições de ensino e ficou sabendo que poderia fazer os cursos por correspondência. Investiu tempo e esforço aprendendo a teoria. A parte prática ele realizava gravando as músicas e os trabalhos em fitas cassete, as quais, em seguida, enviava para os professores pelo correio.

Wilson foi um dos primeiros brasileiros a fazer o curso "Harmonia moderna, improvisação, arranjo e orquestração", do Berklee College of Music, concluído em 1970. A famosa Faculdade Berklee de Música, fundada em 1945 por Lawrence Berk, tinha como missão original proporcionar a seus alunos um treinamento formal em jazz, rock e outros gêneros, diferente das demais escolas da época, focadas no ensino da música erudita. A instituição defendia que a melhor maneira de preparar os alunos para suas carreiras era mesclar o estudo e a prática da música, coisa em que Wilson também acreditava.

Alguns dos professores de Wilson no Berklee foram Robert Share, Jim Progis e Harry Smith, com quem manteve contato por muito tempo, mesmo quando já havia concluído o curso. Robert Share também foi professor de Gary Burton, e este se orgulhava de dizer que Share lhe havia organizado a harmonia. Em 1979, Robert Share foi nomeado reitor do Berklee.

Durante sua vida, Wilson ouviu e apreciou a música como poucos e tinha sua lista de pianistas favoritos, como

Bill Evans, Brad Mehldau, César Camargo Mariano, Diana Krall, Eliana Elias, Erroll Garner, Horace Silver, João Donato, Johnny Alf, Keith Jarrett, Michel Legrand, Oscar Peterson e Tom Jobim.

Sua paixão por discos e livros de jazz faziam dele um importador constante desses itens, assim como das aulas e dos métodos de alguns professores desse gênero musical. Wilson também assinava revistas, como a *Down Beat*, a *Jazz Time* e a *Jazz Improvisation*.

Nos anos 1950, suas idas ao centro de São Paulo para pesquisar e comprar livros e discos eram feitas viajando de bonde fechado, também conhecido por camarão, por causa da sua cor vermelha.

> Era um bonde elétrico, de oito rodas, fechado nas laterais. Wilson pegava o veículo na Estação Domingos de Moraes e descia na avenida São João. Era um meio de transporte que andava devagar, mas, se o motorista começava a andar quando alguém estava embarcando ou desembarcando, todos gritavam para ele parar.

Wilson aproveitava para visitar a loja do pai, no centro, e esse costume permaneceu enquanto a Rádio Luz esteve em operação, sempre gerando outros prazeres pelo caminho. Antes de passar na loja do pai e bater um bom papo, Wilson não abria mão de um belo lanche. Às vezes, ia comer um sanduíche no tradicional Bar Guanabara e, em outras, aproveitava as delícias da Leiteria Paulista.

> Meu sogro trazia para mim, toda semana, do Bar Guanabara, o sanduíche psicodélico, mais conhecido como PSI. Era uma delícia que levava rosbife, copa, queijo roquefort, anchovas, tomate-caqui, molho de azeite e salsinha. Só de lembrar fico com água na boca.

Nos anos 1970, Wilson frequentava a Casa Manon e a Casa Chopin e gostava de comprar nas lojas Museu do Disco, *Hi-Fi* e Bruno Blois.

> Ele gostava de entrar nas lojas e ficar pesquisando. Ficava horas olhando as novidades. Havia LPs de capas simples e duplas, e era comum encontrar na capa a história de cada música, do autor e até o local da gravação. No fundo das lojas, em geral, estavam os LPs importados, onde Wilson se detinha por mais tempo e depois comprava vários. Alguns ele levava para a escola, outros trazia para casa e colocava na estante, onde ficavam muito bem-organizados, como verdadeiras obras de arte. A partir da década de 1980 e início de 1990, a popularidade dos CDs aumentou, porque ofereciam maior durabilidade e clareza sonora; por isso os discos de vinil se tornaram obsoletos. Nessa época, Wilson passou a frequentar a Laserland da Avenida Rebouças, pois o diferencial dessa loja eram os discos de jazz. O dono da loja, Fábio Andrade, gostava de dizer que não vendia CDs, vendia música.

Outra fonte de estudo e inspiração eram os contatos de Wilson, por cartas, com músicos que, durante sua vida, foram se tornando consultores e amigos. Para estar sempre em dia com as correspondências, Wilson tinha uma caixa postal com o número 12.835 nos Correios da avenida Domingos de Moraes, e todos os dias, exceto aos domingos, ia conferir se havia alguma novidade. Nos Estados Unidos, ele se correspondia com Dick Grove, Duke Pearson, Harold Danko, Jamey Aebersold, Marian McPartland, Mary Lou Williams, Phil Rizzo, Reese Markewich, Robert Share e Ward Swingle.

> Além das cartas, ele costumava mandar fitas cassete com suas gravações para Dick Grove, Harold Danko e Jamey Aebersold. Enviou também as gravações dos programas feitos

> no Canal 2. Aebersold se mostrou impressionado com o talento de Wilson e achava que seus alunos também deveriam estar. Grove elogiou a força e a improvisação de Wilson, e Danko escreveu dizendo que os alunos de jazz do Brasil deviam ser muito felizes por tê-lo como professor.

O início da amizade com Jamey Aebersold aconteceu quando Wilson viu na revista *Down Beat* o anúncio de seus *play alongs*. O brasileiro mandou uma carta para saber os preços e já encomendou o primeiro. Depois de pouco tempo, eles já trocavam correspondências, e Jamey mandou para Wilson toda a coleção, do 1 ao 80. Ele gostava de estimular seus alunos com essa tecnologia, que nada mais é do que a utilização de uma gravação sem o instrumento guia, no caso o piano. Enquanto ele tocava no piano elétrico, o aluno tocava no outro, acompanhando a música.

Wilson nunca parou de estudar e fazia isso todos os dias, tocando, ouvindo música, lendo e pesquisando em revistas nacionais e internacionais. Trocava, ainda, informações com seus amigos músicos.

> " Sempre admirei a dedicação de Wilson e sei que ele fazia isso com muito amor, porque a música realmente era a vida dele.

Casa da rua Fabrício Vampré, em 1950.

Wilson e Carlinhos com o avô Dante Tassini, em 1937.

Wilson e seu primeiro carro, um Packard 1951.

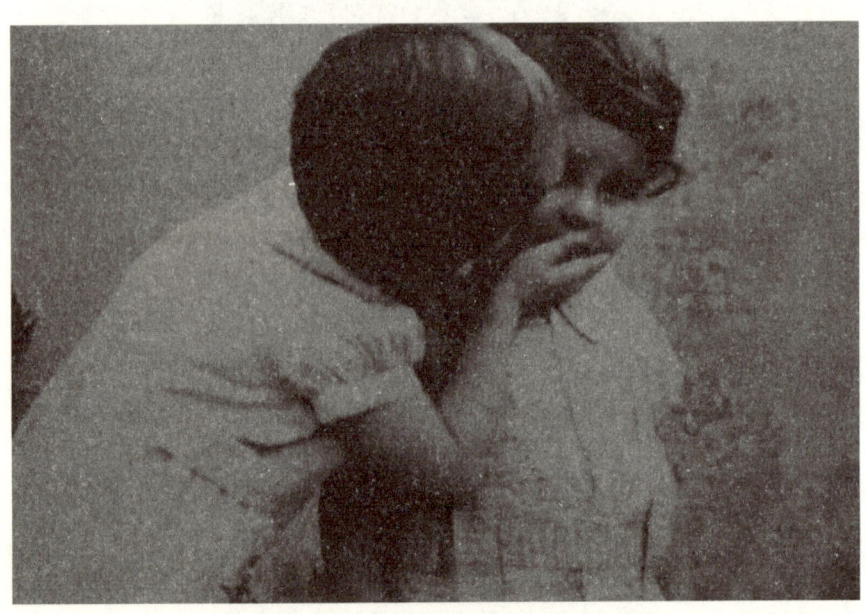

Wilson e Carlinhos, em 1936.

Última foto de Wilson e Carlinhos, em 2013.

Wilson com o amigo Jorge Salomão, em 1971.

Wilson, o amigo Arthur Aizemberg e Carlinhos, em 1971.

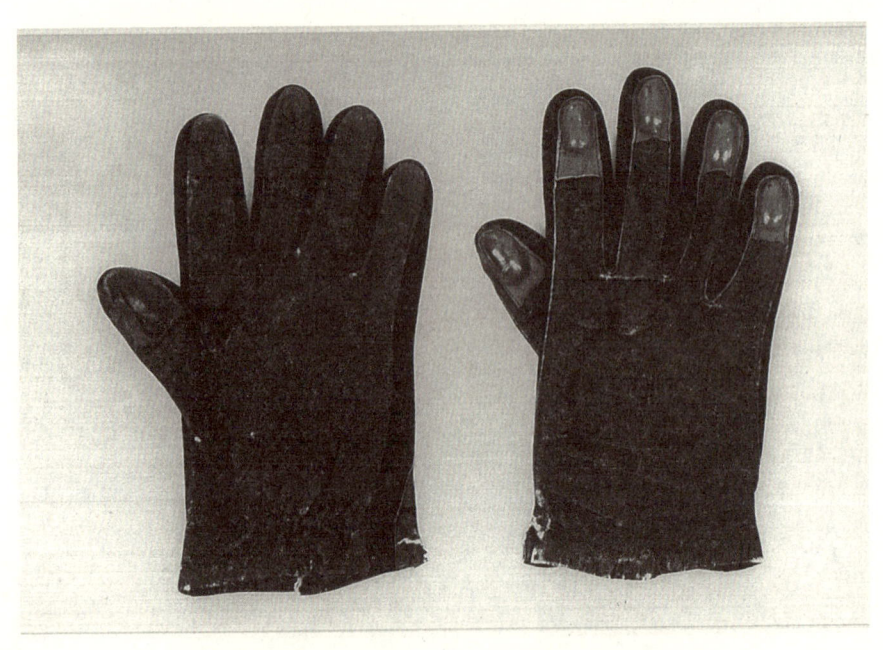

Luvas para estudo de técnica que Wilson importou dos EUA, em 1969.

CAPÍTULO 3

Duas grandes paixões

A música tocou o coração de Wilson desde os primeiros acordes que ouviu quando criança. Primeiro o artista se interessou pela gaita de boca, depois pelo cavaquinho, e até de bateria gostou; entretanto a paixão realmente se deu pelo piano. Seus primeiros estudos foram de música erudita. Uma base muito importante para sua vida, porém, foi a liberdade criativa do jazz que arrebatou o jovem pianista.

> Wilson dizia que escolheu o jazz porque isso significa, antes de mais nada, improvisação. Por meio desse estilo, o artista consegue exprimir seus sentimentos livremente, sendo uma música para ouvir, e não para dançar. A associação desses fatores o conduziram e o induziram a apreciá-lo e trazê-lo arraigado em sua sensibilidade artística por toda a sua vida.

Para Wilson a improvisação era coisa séria, e ele jamais tocava uma composição de jazz da mesma maneira.

> Outra questão importante sempre mencionada por ele é que, para improvisar, o artista precisa ter música na mente e no coração. Segundo Wilson, é preciso ter criatividade, pois a improvisação estudada deixa de ser improvisação e passa a ser harmonização. Improvisar é criar, no momento da execução, uma nova melodia baseada em uma melodia e harmonia já existentes, ou apenas uma progressão de acordes. Nesse momento, o músico é, ao mesmo tempo, executante e

> *compositor, refletindo sua personalidade, humor e estado de espírito – enfim, seu eu interior.*

O amor pela música fez com que Wilson se dedicasse cada vez mais aos estudos. Isso, somado a seu talento natural, resultou na equação perfeita para que, mesmo ainda muito jovem, ele chamasse a atenção da mídia e daqueles que conheciam e sabiam apreciar o bom jazz.

Em agosto de 1954, quando estava no terceiro ano de Direito na Pontifícia Universidade Católica de São Paulo, Wilson concorreu com vários artistas amadores e profissionais, vencendo o 1º Concurso Pianístico de Jazz Amador, coordenado pela boate L'Admiral, naquela época famosa por organizar frequentes *jam sessions*. A comissão julgadora era composta por Henry Pach, colunista do jornal *Shopping News*; Lenita Miranda de Figueiredo, presidente do Clube de Jazz; Roberto Corte Real, jornalista; Antonio Rogélio Robledo, pianista argentino; e Roland Verron. Na coluna *Galeria da Fama*, do jornal *A Gazeta*, Wilson foi citado como Príncipe do Jazz ao receber tal prêmio.

Depois dessa conquista, Wilson participou de diversos programas do *band leader* Georges Henry, no célebre *Golden Gate*, no Canal 3. Wilson se apresentou com Georges Henry (pistão), Luiz Fernando Mendes, Fernandinho (Clarinete), José Cândido Cavalcante (trombone), Zuza Homem de Melo (contrabaixo) e Luiz Teixeira (bateria). À época, Wilson também participou de alguns programas da Televisão Paulista, na série *Colégio do jazz*, a convite de Roberto Corte Real.

> " *Os ensaios para as apresentações nos programas eram na casa dos pais de Wilson, na rua Fabrício Vampré. Seu Eduardo e dona Carolina sempre abriram as portas para os amigos do filho tocarem, e muitos se tornaram amigos deles também.*

Os convites para se apresentar em programas de televisão foram se avolumando, e Wilson aproveitou as oportunidades para mostrar seu talento. Dentre tantas apresentações, uma foi marcante para ele.

> Quando Sarah Vaughan fez seu primeiro espetáculo no Brasil, no teatro da TV Record, ele esteve na primeira parte do show, acompanhado de Azeitona (baixo) e Chim (bateria).

Enquanto Wilson se dedicava ao jazz, o Brasil experimentava um momento único em sua história. Foi também em 1954, mais precisamente em outubro, que Juscelino Kubitschek lançou sua candidatura à Presidência da República. Com a eleição do político em fevereiro de 1955, a tônica governamental era promover a modernização do país. Naquela década, o Brasil vivenciou transformações que conseguiram aproximar elementos de natureza política, econômica, social e cultural.

Para a música foi um período efervescente, quando inúmeros conjuntos de jazz estavam se formando em São Paulo, e Wilson já fazia parte desse seleto grupo. No primeiro aniversário do Clube de Jazz de São Paulo, amadores e profissionais se reuniram no Clube dos Artistas e Amigos das Artes para comemorar com uma *jam session*, reunindo grandes figuras do jazz, como o São Paulo Dixelanders, com Booker Pittman (clarinete, saxofone e canto), Kurt von Elgg (corneta), Eduardo Vidossich (piano), Dudu (banjo), Felipe (trombone), Lubon (pistão), Ted e Castrito (revezando-se na bateria).

O conjunto de Moacyr Peixoto abriu a noite com Johnny Alf cantando, Shu Viana no contrabaixo, Araken Peixoto no pistão e Rubinho na bateria. Também estava presente o conjunto amador formado por Wilson Curia (piano), Luiz Fernandes Mendes (clarinete), Zuzu Careteiro (contrabaixo) e Bert Wokenski (bateria).

Naquela noite dedicada ao jazz, tomaram conta da Terra da Garoa sax, pistões, clarinetes e pianos, e o ecletismo deu o tom, permitindo total liberdade aos músicos, desde o *cool jazz* até o *hot jazz*. Cada artista escolheu seu gênero preferido e teve inteira liberdade para improvisação. A comemoração foi tão boa, que a *jam session*, prevista para terminar às 21h30, foi até 2h.

Em 1956, o Canal 3 lançou *Campeões Musicais Pullman*, inspirado nos programas de rádio e TV norte-americanos, que realizavam concursos para instrumentistas, nos quais profissionais já consagrados concorriam com músicos amadores. O programa pretendia ser um sucesso, e a audiência não intimidou Wilson, que chegou para o início da audição dizendo que gostaria de fazer uma exibição para vencer. O apresentador era Edman Ayres de Abreu, que, pouco tempo antes, havia ficado famoso com sua participação no programa *O Céu é o Limite*, respondendo sobre jazz. Wilson cumpriu o que prometeu e "abiscoitou" o prêmio de seis mil cruzeiros e o troféu, entregue por Antônio Alves Assunção.

> Nesse mesmo ano, quando a banda de Dizzy Gillespie esteve em São Paulo, Wilson participou de uma *jam session*, na Boate After Dark, com três integrantes: Phil Woods (primeiro sax alto do mundo), Frank Rehack (segundo trombone dos EUA) e Marty Flax (sax barítono). Em outubro, ele fez uma apresentação solo no Centro Acadêmico Presidente Roosevelt, na Rua Bento Freitas.

Os anos 1950 foram bem importantes para Wilson, e o acaso também o ajudou a fazer parte de momentos únicos. Um deles foi quando o reverendo padre John Crowley, na época excursionando pelo Brasil, recebeu uma homenagem numa famosa sessão de jazz, realizada no Captain's, às vésperas de sua partida para o Paraguai.

> Wilson teve a honra de substituir ninguém mais ninguém menos do que Moacyr Peixoto, o qual não pôde estar presente no evento e era considerado um dos maiores pianistas de jazz de São Paulo. Wilson tocou com Booker Pittman (sax alto, soprano e clarinete), Shu (contrabaixo), Maciel (trombone) e Gafieira (bateria). Durante a apresentação, alguns elementos do conjunto foram se revezando, e também se apresentaram Zuza Homem de Melo, Araken Peixoto e Josué.

Em 1957, o Quarteto do Jazz Club de São Paulo — composto por Wilson (piano), Luiz Armando (bateria), Zuza Homem de Melo (contrabaixo) e Luiz Fernando Mendes, o Fernandinho (clarinete) — fez uma apresentação na Associação Cultural e Artística de São Caetano do Sul.

No mesmo ano, com o intuito de arrecadar fundos para a escola Santa Mônica, seu centro acadêmico, o Instituto *Sedes Sapientiae* organizou a Primeira Parada de Jazz, no Teatro Cultura Artística. Grandes nomes do gênero se apresentaram, e Wilson e seu grupo fizeram parte do evento. A noite foi um verdadeiro sucesso e contou com os melhores grupos de São Paulo — entre eles, Osmar Milani e sua orquestra, Robledo e seu conjunto, Betinho Maciel e seu octeto, Zezinho da TV e seu pistão, Moacyr Peixoto e seu conjunto, além do grupo São Paulo Dixielanders. A direção do espetáculo ficou a cargo de Caubi de Brito e teve a colaboração especial do Jazz Club de São Paulo. Ainda naquela noite, uma atração de destaque esteve presente: o mestre do jazz Booker Pittman, consagrado como saxofonista, barítono e clarinetista.

Em junho de 1958, o jornal *A Gazeta* publicou uma nota divulgando que Wilson Curia estava organizando um quinteto de jazz e que, na escolha dos músicos, faria o possível para selecionar integrantes capazes do ponto de vista técnico, com o objetivo de apresentar um conjunto verdadeiramente harmonioso. Um dos únicos selecionados até então citados na nota era o famoso vibrafonista japonês Akira Takahashi, o qual, em sua terra natal, havia participado de concorridos *jam sessions*, em companhia de Les Brown, Gene Krupa e outros.

No fim de 1958, Wilson resolveu gravar, de forma independente, três discos em 78 rotações.

> *Ele mesmo comprou os discos e os levou até a gravadora, na Rua Xavier de Toledo, 141. O primeiro foi um disco solo: no lado A, gravou 'I only have eyes for you' e, no B, 'Tenderly'. O segundo foi com o trio, sendo ele no piano, Chim na bateria e Azeitona no contrabaixo. No lado A, gravaram 'Don't get around much anymore' e, no B, 'There will never be another you'. O terceiro disco também foi com o mesmo trio, que gravou, no lado A, 'If I had you' e, no B, 'The Continental'.*

Em 1959, como pianista da Orquestra Universitária Mackenzie, Wilson recebeu o troféu Os Melhores da Semana em um programa de televisão apresentado por Airton Rodrigues. Em abril, conheceu Nat King Cole durante uma apresentação do artista no Teatro Paramount e conversou com seu ídolo.

> *Nat King Cole comentou que, apesar de ser o único cantor negro a ter um programa na TV americana, o Nat King Cole Show, ele era vítima de forte preconceito racial nos Estados Unidos.*

Em agosto de 1959, Wilson se apresentou no Teatro Arena, tocando jazz moderno com Hector Costita (sax), Geraldo (pistão), Rubinho (bateria) e Luiz Chaves (contrabaixo).

No Brasil, o jazz tomava um impulso cada vez maior, e a onda de modernização do país fez a população de São Paulo dar um salto. Impulsionada pela expansão industrial e pelas correntes migratórias vindas principalmente do Nordeste, a cidade viu sua população passar de pouco mais de 2 milhões de habitantes para 3,5 milhões. Na região central da cidade, houve a construção de grandes edifícios ocupados por bancos e instituições financeiras, a leste do Vale do Anhangabaú, no chamado "Centro Velho", além da instalação de comércios em direção à Praça da República, conhecida como "Centro Novo".

Nas proximidades das avenidas São João e Ipiranga, ficava a chamada Cinelândia, onde estavam cinemas, restaurantes e bares, como a Boate Lord (onde Hebe Camargo se apresentava como *crooner*), a Boate Excelsior (onde se apresentaram Sarah Vaughan e Jaqueline Barker) e o Nick Bar, imortalizado pela canção de mesmo nome, composta por Dick Farney.

> A música traz a história de uma desilusão amorosa e com certeza atraiu muita gente para conhecer o bar. Eu me lembro até hoje da letra: 'Foi neste bar pequenino, onde encontrei meu amor. Noites e noites sozinho, vivo lembrando uma dor. Todas as juras sentidas, que o coração já guardou. Hoje são coisas perdidas, que o eco ouviu e calou. Você partiu e me deixou. Não sei viver sem seu olhar. O que sonhei só me lembrou de nossos encontros no Nick Bar'.

Além do desenvolvimento econômico, no âmbito cultural o discurso a respeito da modernização do país trazia questões sobre a possibilidade de o Brasil se transformar numa referência internacional, rompendo com a ideia de que sempre reproduziu modelos estéticos estrangeiros. É nesse contexto que a bossa nova surgiu no cenário musical. Porém, se por um lado ela reafirmava a tradição brasileira, ao ter o samba como uma base, por outro dialogava com o jazz norte-americano nas formas de interpretação e no ritmo desacelerado. Assim, para os nacionalistas, a bossa nova representava uma colonização cultural, enquanto seus entusiastas celebravam o fato de ela ter se transformado num grande sucesso e ser apreciada em diversos países.

No artigo "Influência do jazz e bossa nos *States*" para o jornal *Artes*, de setembro de 1967, Wilson escreveu o seguinte:

> *Apesar das controvérsias e da obstinação de alguns críticos em afirmarem que a bossa nova — ou, como se prefere hoje, a moderna Música Popular Brasileira, a MPB — é um movimento puramente nacional e nasceu de nosso povo, isso infelizmente não é verdade. Se analisarmos o jazz e a bossa nova do ponto de vista técnico, verificaremos uma série de semelhanças que colocarão por terra as afirmações de tais críticos e disc jockeys.*
>
> *A primeira e mais importante semelhança é a que se refere à improvisação, a qual é, sem dúvida, a característica principal e básica do jazz e só foi empregada em nossa música depois do advento da bossa nova. Ninguém poderá dizer que já havia ouvido improvisações sobre temas como "Aquarela do Brasil" ou "Na baixa do sapateiro", composições de Ary Barroso, que, ademais, foram das primeiras músicas brasileiras a terem projeção internacional, especialmente na pátria do jazz, os Estados Unidos. Poderá, quando muito, ter ouvido variações (escritas) sobre temas como os citados, isto é, arranjos, que não poderiam ser chamados de improvisações por não terem sido criados no momento da execução.*
>
> *A semelhança harmônica também se faz notar de maneira decisiva e irrefutável entre o jazz e nossa música popular moderna. O uso de harmonias dissonantes e de acordes estendidos (acordes contendo nonas, décimas primeiras e décimas terceiras, com suas alterações) é hoje uma constante. Se observarmos a construção harmônica (progressão de acordes) de "Bossa na praia", de Geraldo Cunha e Pery Ribeiro, e a compararmos*

com a de "I'll close my eyes", de Billy Reid, notaremos que a primeira está quase totalmente assentada sobre o esquema harmônico da segunda. E a música de Billy Reid é muito mais antiga que a de Geraldo Cunha. "Chora tua tristeza", de Oscar Castro Neves e Luvercy Fiorini, também se ajusta perfeitamente ao esquema harmônico de "There will never be another you", de Harry Warren, composta por volta de 1930. Aliás, Castro Neves, um excelente músico, sempre se dedicou à prática do jazz, e isso fatalmente teria de transparecer em suas composições. Outro exemplo é "Depois da chuva", de Vera Brasil, cuja progressão harmônica nos dez primeiros compassos do tema se assenta perfeitamente na de "Midnight sun", de Johnny Mercer e Lionel Hampton, música nossa bastante conhecida, especialmente devido à versão (muito boa, por sinal) de Aluizio de Oliveira, que Sylvinha Telles gravou para a Elenco, sob o título de "Sol da meia-noite". Há, ainda, exemplos mais gritantes, como "Noa Noa", de Sérgio Mendes, pianista que tem grande afinidade musical e semelhança na maneira de compor com Horace Silver, excelente pianista e compositor de jazz. Este, ademais, referiu-se, numa carta a Sérgio Mendes, como soul brother *(irmão de alma).*

A semelhança rítmica é outra que pode ser notada, nos breaks, acentuações, desenhos e antecipações rítmicas (síncopas) da maioria das composições modernas. Como exemplo, seria possível citar o Zimbo Trio, que, sob o aspecto técnico, é sem favor algum o melhor trio instrumental atualmente em atividade. Seus arranjos e interpretações, de estilo essencialmente jazzístico, nos mostram a afinidade musical dos membros do conjunto com os do Oscar Peterson Trio.

Além dessas três semelhanças básicas, poderiam ser citados os arranjos orquestrais e as formações dos conjuntos de hoje (trios, quartetos, quintetos, nonetos etc.), de influência tipicamente norte-americana. Ninguém poderá negar, também, que a maioria de nossos melhores músicos ouviram e praticaram o jazz muito antes do aparecimento da bossa nova e teriam forçosamente de refletir em suas criações todo o conhecimento (fraseado, acentuação etc.) e feeling que adquiriram dessa maneira.

Wilson também deu opinião sobre como foi o nascimento da bossa nova. Ele trouxe esse assunto na introdução do seu livro *Moderno método para piano, bossa nova e jequibau*, lançado pela editora Sidomar do Brasil, em 1971.

Antes de entrarmos no aspecto técnico da música, gostaríamos de explicar alguns fatos a respeito de sua história e origem. Em nossa gíria, a palavra "bossa" significa uma "maneira especial de fazer alguma coisa, espécie de aptidão natural". Quando dizemos "alguém tem bossa", queremos dizer "ele sabe como fazê-lo". Bossa nova significa também "qualquer coisa nova, diferente".

Como movimento musical, ele teve início por volta de 1960; mas a música, em sua forma melódica, harmônica e rítmica, já existia no Rio de Janeiro desde 1950.

Cansados da forma tradicional do samba, músicos, compositores e cantores principiaram um movimento em clubes, apartamentos e residências, tentando dar uma concepção mais moderna às composições tradicionais. A estas reuniões dava-se o nome de samba sessions.

A maioria dos músicos que participaram do movimento eram apreciadores do jazz; eles praticavam-no e ouviam-no. É essa a razão pela qual a improvisação, característica básica do jazz, foi introduzida na bossa nova.

Naquela época, um pianista, cantor e compositor chamado José Alfredo da Silva, conhecido pelo nome de Johnny Alf, tocava um estilo de samba completamente diferente dos demais. Ele estava muito à frente de sua época. Sua harmonia e maneira de distribuir os acordes eram extremamente modernas. Johnny Alf é para a bossa nova o mesmo que Bud Powell foi para o bebop. *Os músicos costumavam ouvi-lo durante horas, uma vez que sabiam que algo muito importante estava para acontecer, e por certo aconteceu. Aos poucos, a música foi mudando de caráter: eram harmonias novas, composições baseadas em progressões de acordes muito parecidas àquelas usadas no jazz e em canções populares norte-americanas, padrões rítmicos não empregados até então. Era a introdução da improvisação no samba.*

A primeira composição autêntica da bossa nova foi gravada por volta de 1955. Chamava-se "Rapaz de bem" ("Fellow cat"), composta em 1951 por Johnny Alf. Traçando um paralelo, podemos dizer que o samba tradicional progrediu para a bossa nova, assim como o swing para o bop. Isto significa que todas as concepções rítmicas, harmônicas e melódicas foram rompidas para dar lugar a técnicas mais modernas e avançadas.

A seguir, temos uma relação parcial de músicos que se destacaram no movimento: Antônio Carlos Jobim (compositor, violinista e pianista); Johnny Alf (pianista, compositor e cantor); João Gilberto (compositor, cantor e violonista); Vinícius de Moraes (poeta, compositor); Baden Powell (compositor, violonista); Carlos Lyra (compositor, violonista); Walter Santos (compositor, violonista); Oscar Castro Neves (pianista, compositor); Milton Banana (baterista); Eumir Deodato (pianista, compositor e arranjador); Nara Leão (cantora); Paulinho Nogueira (violonista, compositor); Alayde Costa (cantora); Vera Brasil (violonista, compositora); Roberto Menescal (compositor, violonista); Ana Lúcia (cantora); Peri Ribeiro (cantor, compositor); Sérgio Mendes (pianista, compositor); Pedrinho Mattar (pianista); João Donato (pianista, compositor e trombonista); Luiz Eça (pianista, arranjador e compositor); Edu Lobo (compositor, violonista); Manfredo Fest (pianista, organista); Chico Buarque de Hollanda (compositor, violonista e intérprete); Amilton Godoy (pianista); Rubens Barsotti; Rubinho (baterista); Luiz Chaves (contrabaixista, arranjador); Adilson Godoy (pianista, compositor); Edson Machado (baterista); Élcio Milito (baterista); Bebeto (contrabaixista, flautista); Antonio Adolfo (pianista, compositor); Claudette Soares (cantora); César Camargo Mariano (pianista, arranjador); Sílvio César (cantor, compositor); Elis Regina (cantora); Francis Hime (pianista, compositor); Amilson Godoy (pianista); Marcos Valle (compositor, violonista); Matias Mattos (contrabaixista); Rosinha de Valença (violonista); Walter Wanderley (pianista, organista); Wilson Simonal (cantor); Antônio Pinheiro (baterista); Luís Bonfá (violonista, compositor); Zé Ketti (compositor); Nelson Motta (compositor); Chico Feitosa (violonista, compositor); Sylvinha Telles (cantora); Dick Farney (pianista, cantor); Lúcio Alves (violonista, cantor); Pingarilho (violonista, compositor); Dolores Duran (cantora, compositora); Dóris Monteiro (cantora); Tito Madi (cantor, compositor); Ribamar (pianista); Durval Ferreira (compositor, violonista); Lula Freire (compositor, violonista); Leny Andrade (cantora); Luiz Carlos Vinhas (pianista).

Assim, foi nos bares paulistanos do centro da cidade que a bossa nova uniu paulistas e cariocas, sendo palco para muitos dos artistas citados por Wilson, em seu livro. Ele frequentava vários desses locais, e foi no A Cave, na rua da Consolação, que o pianista conheceu um dos músicos que ele admirava e reconhecia como um dos pais da bossa nova: Johnny Alf. Os dois costumavam conversar muito, depois das apresentações de Alf.

> Existia uma admiração mútua entre eles. Johnny Alf reconhecia o valor do trabalho do Wilson, por meio dos livros que ele escreveu e dos arranjos que fazia. Em 1969, Johnny deu para Wilson uma partitura autografada da música "Plenilúnio". O contato entre os dois permaneceu mesmo quando Wilson deixou de tocar nos bares e boates, e, um pouco antes de Alf morrer, Wilson foi visitá-lo no hospital.

A Baiuca, que ficava na Praça Roosevelt, foi o palco de grandes momentos musicais, e Wilson não perdia as apresentações de artistas como Robledo, que costumava tocar no estilo George Shearing; Moacyr Peixoto, que tocava no estilo Bud Powell; e Dick Farney, que tocava no estilo do Dave Brubeck.

Wilson também era assíduo frequentador da boate Farney's, de Dick Farney, e os dois se tornaram amigos. Quando vinha para São Paulo com a esposa e o filho, Dick almoçava aos domingos na casa dos pais de Wilson e batia longos papos com seu Eduardo.

> Wilson dizia que Dick tinha ouvido absoluto. Um dia, este foi à casa de Wilson e disse que não queria mais tocar no estilo de Dave Brubeck, pois queria mudar a sua harmonia. Então Wilson lhe mostrou como seria possível alcançar esse objetivo. Dick tocaria, e Wilson lhe indicaria para interromper a música toda vez que ele tocasse no estilo de Brubeck. Eles fizeram cinco meses de aulas aos sábados, utilizando umas dez músicas. E deu certo.

Wilson nunca trabalhou oficialmente em bares e boates, entretanto substituiu por diversas vezes seus ídolos Dick Farney e Moacyr Peixoto, quando eles tinham algum compromisso e não podiam tocar. A amizade foi o que uniu Wilson a vários músicos com quem ele tocou em grupos, na noite paulistana, em festivais e até nas aulas que ministrava.

> Luiz Chaves e Rubinho foram amigos de uma vida inteira. Quando Luiz estudava com Wilson, chegava na casa dos meus sogros e já passava pela cozinha perguntando: 'Dona Carolina, posso pegar um pastel?'. E, todas as vezes que nos encontrávamos com ele, Luiz dizia: 'Como vai, teacher?'. O Pacha (pianista da Baiuca) também estudou com Wilson e sempre levava um pão italiano da Basilicata para dona Carolina, pois sabia que meus sogros gostavam muito.

O João Sebastião Bar, na rua Major Sertório, também foi um dos palcos da bossa nova, e lá costumavam se apresentar Elza Soares e o Sambalanço Trio, entre tantos outros.

> Wilson gostava de frequentar esses bares e sempre ficava em alguma mesa onde conseguisse ver as mãos do pianista. Para ele, além de ouvir, era importante ver os movimentos do artista enquanto tocava.

Outro local conhecido da época era o bar do Hotel Cambridge, na avenida Nove de Julho, onde costumavam se apresentar Claudette Soares, César Camargo Mariano e Johnny Alf.

> *Certa noite, depois de sair desse bar, Wilson estava caminhando pela avenida Consolação quando encontrou o Jair Rodrigues, que também havia saído de um bar onde estava cantando. A maioria das pessoas conheceu o cantor Jair Rodrigues, mas ele também tocava contrabaixo. Os dois conversaram e decidiram voltar para algum bar e dar uma canja. Aliás, isso era muito comum naquela época, os músicos também gostavam de tocar pelo prazer e no improviso, apesar de muitos passarem a noite trabalhando, tocando seus instrumentos.*

Além da vida noturna do centro de São Paulo, nos anos 1960, Wilson continuou participando de inúmeras *jam sessions*, festivais de jazz e programas de televisão. Em 1961, o Grêmio da Faculdade de Arquitetura da Universidade Mackenzie organizou a Jazz Arquitetura Mackenzie, que contou com a participação da maioria dos principais músicos de jazz moderno de São Paulo e do Rio de Janeiro. Estiveram presentes músicos do calibre de Dick Farney, Walter Wanderley, Noneto Meireles, Cipó Brazilian Jazz Sextet, Trio de Heraldo do Monte, Leny Andrade e, claro, o já consagrado Trio de Wilson Curia, que foi mencionado em algumas publicações como melhor pianista amador da época.

Em maio de 1962, o grupo dos jovens realizou algumas *jam sessions* no Teatro de Arena. Uma delas foi destacada pelo jornal *O Estado de S. Paulo*, que elogiou a participação do Quarteto de Hector Costita (sax-tenor), Wilson Curia (piano), Luiz Chaves (contrabaixo) e Rubinho (bateria). Segundo o jornal, o quarteto realizou uma das melhores apresentações jazzísticas daqueles tempos em São Paulo. Os solos de Wilson e Hector se destacaram em músicas como "Walkin'n" e "What is this thing called love". Luiz e Rubinho foram reconhecidos por sua atuação solo em "Night in Tunisia", segundo o jornal.

Também foi no início dos anos 1960 que o Canal 4 e a Promoplan organizaram o Primeiro Festival Brasileiro de Jazz, no Teatro Tupi, como fase eliminatória para o Festival Internacional de Jazz do IV Centenário da Guanabara. Além de Wilson, presente com o conjunto de Luiz Chaves, Rubinho e Hector Costita, conjuntos e vocalistas renomados do Rio de Janeiro e São Paulo se apresentaram durante cinco semanas, todas as segundas-feiras. Lá estiveram nomes como Carlos Piper, com um conjunto de dezoito figuras, Quarteto de Dick Farney, Trio de Sérgio Mendes, Pedrinho Mattar, Robelo, Cláudio Slon, Oliveira e Seus Black Boys, Quinteto de Flávio, Walter Wanderley, além do vocalista Johnny Alf e de Leny Andrade.

A imprensa da época acompanhava todo o movimento do jazz em São Paulo e, frequentemente, reconhecia o talento do jovem Wilson.

> *Ele participou com Sérgio Mendes de um dos primeiros concertos de jazz organizados pela Folha de S. Paulo e foi classificado, numa eleição organizada pelo jornal, como um dos melhores músicos de São Paulo. E o Última Hora comentou que o grupo amador formado por Wilson, Zuza Homem de Melo e Luiz Fernando Mendes conseguira grande popularidade participando de inúmeras jam sessions em São Paulo.*

Naquela época, o pianista de jazz Tommy Flanagan esteve no Brasil e procurou Wilson.

> *Wilson sempre admirou Tommy Flanagan e ficou surpreso que, com todo o talento e a competência musical que tinha, o pianista norte-americano não havia estudado música*

> erudita e não tinha um estudo técnico para entender melhor a música e a literatura de seu instrumento. Uma das vezes em que ele foi à casa dos pais de Wilson, Tommy pediu que o ajudasse com uma partitura do Villa-Lobos. Wilson fez isso e também gravou o artista tocando por um bom tempo.

No Terceiro Festival Brasileiro de Jazz, realizado em 1964, Wilson participou com uma nova formação, um quinteto formado por Hector Costita (sax), Buda (pistão), Zezinho (baixo) e Turquinho (bateria). Os números apresentados foram: "Beauteous", "Blues Function" e "The Tokio Blues". O grupo se destacou com os solos de Hector, Buda e Wilson, e com a firme marcação rítmica de Zezinho e Turquinho, os quais, quando chamados a solar, se saíram muito bem. Na mesma noite em que o Quinteto de Wilson se apresentou, estiveram presentes o Trio de Manfredo Fast, além de Carlos Piper e Sua Orquestra.

Além de participar de apresentações e festivais, Wilson não abria mão de comprar e ouvir os discos de seus ídolos de cada época. Nos anos 1960, ele tinha uma grande coleção, e alguns eram seus favoritos: "Tudo isso é amar", com Dick e Claudette; "Milton Banana Trio", com Milton Banana (bateria), Wanderley (piano) e Guará (baixo); "Bossa Jazz Trio — vol. 2", com Amilson Godoy (piano), Jurandir Meirelles (baixo), José Roberto Sarsano (bateria); "Sambossa Tema 3 D", com Antônio Adolfo (piano e arranjos), Cacho (baixo e vocal), Nélson (bateria), Arísio (violão), Claudinho (pistão); "Sambalanço Trio"; "Ritmo e o Som da Bossa Nova", com Milton Banana (bateria), Oscar Castro Neves (maestro); "Trajeto", com Cláudio Roditi (pistão), Sérgio Barroso (baixo), Cláudio Caribé (bateria), Helinho (guitarra), Edson Maciel (trombone) George André (arranjos) e Vítor Assis (sax alto); "Tamba 4 — Samba Blim", com Luiz Eça (piano, vocal e arranjos), Bebeto Castilho (baixo, flauta, sax e vocal), Rubens Ohama (bateria) e Dório Ferreira (violão e guitarra).

No início dos anos 1970, Wilson resolveu se dedicar somente às aulas de piano na casa dos pais e deixou de substituir artistas nos bares do centro de São Paulo, todavia não abriu mão das apresentações em teatros e em programas de televisão. Em novembro de 1976, ele participou com Paul Urbach do Concerto de Jazz, no Auditório Villa-Lobos, acompanhado de Zeca Assumpção (contrabaixo) e Jayme Pladevall (bateria).

Foi, no entanto, em 1979 que aconteceu um dos momentos mais marcantes da vida de Wilson, pego de surpresa para viver tamanha emoção. Ele tinha acabado de chegar em casa, voltando da gravação do programa da TV Cultura, *Ponto de Encontro*, às duas da manhã, quando ouviu na secretária eletrônica um recado de um músico que ele não conhecia, solicitando que retornasse a ligação. No dia seguinte, Wilson ligou, e Arnie Lawrence se apresentou, dizendo que era músico da banda de Liza Minnelli e que eles estavam vindo para o Brasil para realizar uma série de shows. O norte-americano disse que admirava o trabalho de Wilson graças ao livro *Moderno método de piano e bossa nova* e que, em Nova York, ele era muito conhecido entre os músicos por causa dessa obra. Em seguida, disse que gostaria de convidá-lo para assistir a um ensaio da banda no Hotel Hilton. A princípio, Wilson pensou só que iria conhecer os músicos e dar uma canja com eles. Ao chegar lá, porém, descobriu que seu privilégio seria muito maior.

> " Wilson conta que chegou ao hotel e não conhecia ninguém, mas logo Arnie chegou, eles se apresentaram e o americano o colocou numa mesa sozinho. Em pouco tempo, os músicos da banda iam se aproximando da mesa e pediam para tirar fotos com ele. Wilson estranhou; Arnie contou que nos Estados Unidos ele era considerado um músico famoso e importante. Quando Liza Minnelli chegou, eles

foram apresentados, e ela quis saber o que Wilson fazia. Ele respondeu que era músico e dava aulas. Quando terminou o ensaio, Wilson falou com Arnie se poderia tirar uma foto com ela. Lawrence respondeu que Wilson poderia se juntar aos músicos que estavam tirando fotos dela com a banda. Wilson tirou algumas fotos com o grupo, porém decidiu arriscar algo maior, que queria muito. Ele se aproximou de Liza e perguntou se poderia tirar uma foto com ela sentada ao seu lado, ao piano. Para surpresa dele, a artista disse que tiraria a foto se ele fosse realmente um pianista e que ele poderia tocar para ela ouvir. Wilson tocou apenas três compassos de uma música. Ela disse para Arnie que poderia tirar uma foto deles dois. Para completar o encantamento de Wilson, Liza se sentou ao seu lado ao piano e perguntou o que ele gostaria que ela cantasse. Ele respondeu que queria saber o que a cantora gostaria que ele tocasse para acompanhá-la. Ela pediu 'Meditação'. Não pararam por aí, foram várias músicas que Wilson teve o prazer de tocar enquanto Liza cantava, entre elas 'The shadow of your smile' e 'Bewitched, Bothered and Bewildered'. Quando Wilson foi se despedir, Liza o convidou para jantar no Antonio's, onde o grupo tinha uma mesa reservada.

Depois de tantas emoções, é claro que Wilson não poderia faltar ao show de Liza. Ele e Lucy foram ao Centro de Convenções do Anhembi, para apreciar o talento da cantora. Outro fato inusitado que aconteceu com Wilson envolvendo um de seus ídolos foi quando Erroll Garner esteve no Brasil para dar alguns concertos no Teatro Municipal.

> *Wilson estava louco para assistir ao show e não tinha conseguido comprar ingresso, mas isso não o fez desistir. Ele pegou sua máquina fotográfica e foi para a porta de trás do teatro. Já estava pensando em voltar para casa, quando*

>chegou Fausto Canova, que iria se apresentar no show do Erroll Garner, o convidou para entrar junto. Wilson ficou na sala onde estava Erroll, porém sentiu que seria muito difícil aproximar-se dele, pois tinha muita gente. Viu um piano no canto da sala e resolveu fazer algo para chamar a atenção do artista. Começou a tocar baixinho, no mesmo estilo de Erroll (ele gostava muito do estilo do pianista americano, cujo ritmo é marcado por acordes repetidos na mão esquerda, enquanto a direita se libera para a interpretação da melodia). Naquele momento, Erroll parou de conversar e se aproximou de Wilson, perguntando o que ele queria. Wilson disse que gostaria de conversar e tirar algumas fotos. O americano concordou, desde que não fosse para falar sobre música, pois era um analfabeto musical. Um outro fato curioso sobre esse artista é que ele, quando vinha ao Brasil tocar, trazia a lista telefônica de Nova York para colocar sob o banco do piano. Queria ficar na altura certa, porque era muito baixo.

Wilson também teve o privilégio de tocar com o pianista Benny Carter e dois pianistas de Liza Minnelli, Harold Danko e Mike Wofford, quando estiveram em São Paulo. Quando o saxofonista Jamey Aebersold e o pianista Chuck Marohnic realizaram alguns workshops na cidade, também tocaram com Wilson a dois pianos.

Em 1980, o artista brasileiro participou do Segundo Festival Internacional de Jazz, no Centro de Convenções do Anhembi, com seu quarteto: Wilson Curia (piano), Matias Mattos (contrabaixo), Sérgio Saia (bateria) e Ubaldo Versolato (sax). Naquele festival, apresentaram-se 150 músicos brasileiros e 70 internacionais. Foi durante esse grande evento que Wilson conheceu a pianista, arranjadora e compositora norte-americana Mary Lou Williams.

> Wilson foi apresentado a Mary Lou, e os dois conversaram bastante. Depois que ela voltou para os Estados Unidos, eles começaram a se corresponder. Sua última carta enviada para Wilson foi um pouco antes de ela morrer, em maio de 1981.

Com o destaque que Wilson obteve tocando em festivais e em *jam sessions*, os convites para se apresentar em programas de rádio e TV aumentaram. Para alguns, ele deu entrevistas e em outros participou como colunista frequente.

> O Brasil 60 foi um programa de que Wilson participou ao vivo e que era apresentado por Bibi Ferreira. A TV Excelsior havia sido inaugurada em 9 de setembro de 1960, e aquele programa trazia músicos, entrevistas e variedades no horário nobre de domingo, às 20h. Em 1973, ele participou diariamente do programa Show das Nove, da Rádio Mulher. Junto com ele, faziam o programa Giba, Ronaldo Esper, Mariza Portinari e Audálio Dantas. Em 1981, Wilson se apresentou na TV Cultura, no programa Música Divina Música, com os músicos Matias Matos (contrabaixo) e Sérgio Saia (bateria).

O pianista paulistano também participou dos programas *Astros do Disco*, *Avant Première*, do Canal 3; *Ponto de Encontro*, da TV Cultura, com Walter Lourenção; *Música Divina Música* e *Um Piano ao Cair da Tarde*, da Rádio Eldorado; e *Almanaque*, da TV GloboNews, com Elisabete Pacheco. Ele foi o apresentador do programa *Quando o Disco é Cultura*, na Rádio Mulher, ao qual levava o disco de um pianista para ser tocado enquanto ele comentava a respeito. No programa *Música ao Cair da Tarde*, da Rádio Scalla FM, Wilson apresentava músicas de jazz e MPB.

> *Um programa do qual Wilson fez questão de participar foi o de Fausto Canova, em 1998, na Rádio Trianon. Canova era dono de uma voz inconfundível, um fantástico conhecedor de jazz, e os dois eram amigos desde os anos 1960, quando Canova presidia o Club de Jazz.*

Em 17 de fevereiro de 1982, o músico Thelonious Monk faleceu, e Wilson foi chamado pela TV Bandeirantes para participar do programa *90 Minutos*, apresentado por Nuno Leal Maia. O artista brasileiro deu uma entrevista para o programa e falou sobre esse pianista de jazz, considerado um dos mais importantes do mundo, pois tinha um estilo único de improvisar e tocar. Ao final do programa, Wilson tocou uma composição de Monk, "Round midnight".

Em 2014, Wilson deu uma entrevista para Arrigo Barnabé, no programa *Supertônica*, da Rádio Cultura. No Canal 39, concedeu uma entrevista a Lula Martin. Na revista *Ritmo e Melodia*, deu uma longa entrevista para o jornalista Antônio Carlos da Fonseca Barbosa.

Além dessas, ele também falou para os jornais *Pedaço da Vila*, *Estado de S. Paulo*, *Vila Mariana* e *Jornal dos Pianos Fritz Dobbert*, e para a revista *Jazz Education Journal de Manhattan*.

Wilson ainda escreveu artigos para alguns jornais e revistas. Foi colunista na editoria de música do jornal *Artes*, de 1967 a 1969. O periódico teve como diretor-geral Carlos Von Schmidt e circulou no Brasil, em Portugal, na Angola e em Moçambique. O pianista teve, também, uma coluna na revista *Playmusic*, em que discorria sobre bossa nova, além de ter dado diversas entrevistas para a *Teclado*.

Como jurado, participou de vários concursos e shows de talentos. Foi jurado do Concurso de Órgão da Yamaha durante sete anos consecutivos, desde 1973, e ministrou seminários para diversos professores da Yamaha de todo o Brasil.

" Uma das vezes em que Wilson foi ao Rio de Janeiro para participar do concurso da Yamaha, ele resolveu ir de trem e se encontrou com o Garrincha e a Elza Soares. Na volta, precisou regressar mais cedo, porque tinha um compromisso que não podia adiar, e enfrentou seu medo de viajar de avião. Quando estava chegando aqui em São Paulo, na hora de aterrissar, a aeronave teve um problema e precisou arremeter. Depois disso, Wilson nunca mais viajou de avião. O trauma não foi superado nem mesmo com a ajuda de um de seus alunos, Nilton Lara Graça, um comandante da VASP que levou Wilson para fazer uma simulação de voo.

Wilson ao piano, com o troféu do I Concurso Pianístico de Jazz Amador, coordenado pela boate L'Admiral, em 1954.

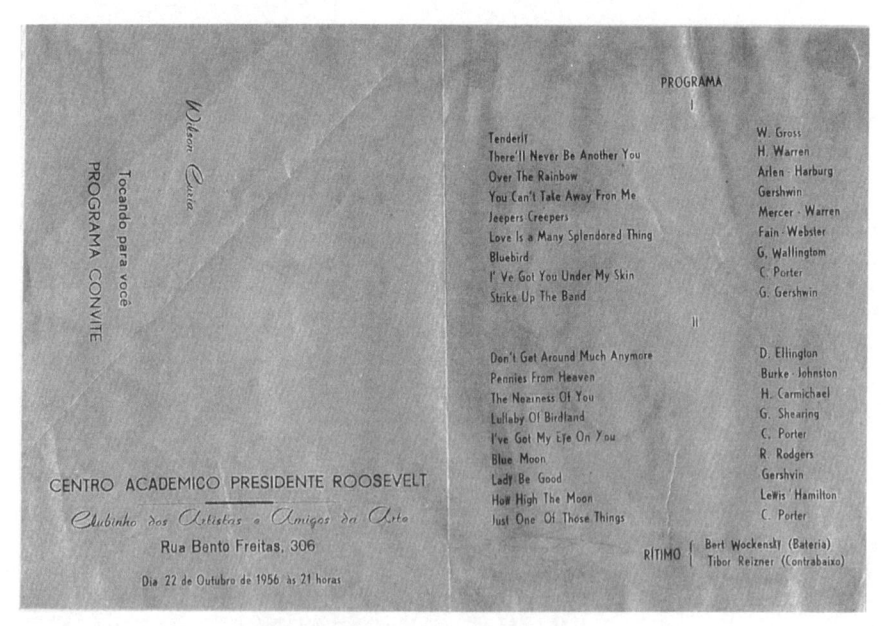

Programa da apresentação no Centro Acadêmico Roosevelt, em 1956.

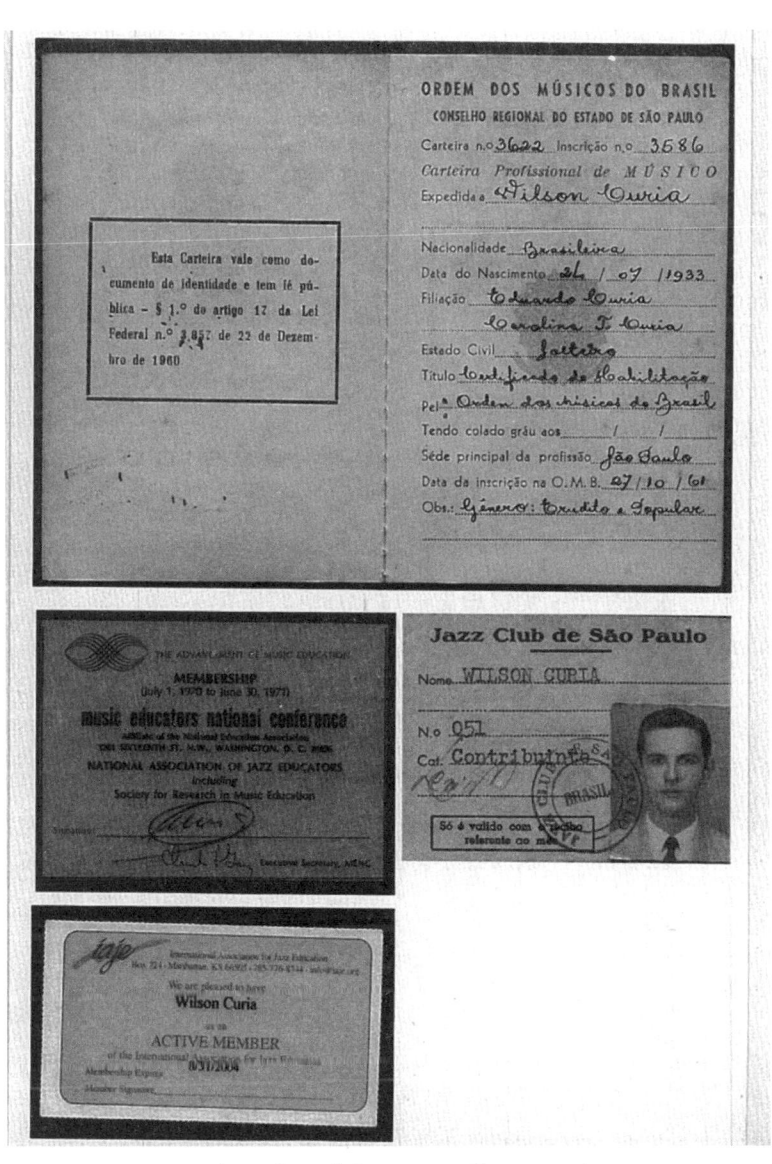

As carteiras de músico que Wilson Curia teve.

```
JAZZ CLUB DE SÃO PAULO

Chapa nº 1 - Para Membro do
      Conselho  Deliberativo

Claude Jacques Blun
Wilson Curia
Benedito Arouche Pereira
Roberto Caio Barroso Borges
Eduardo Braga Lee
Cláudio Oinegue Fulfaro
Slioma Selter
Eduardo Whitaker Ribeiro Lima
Adail Lessa
Antônio Rogélio Robledo
Ivan Carvalho Monteiro
Carlos Eugênio de Castro e Conde
Leon Alexander
Décio Belegarde Rodrigues
Paul Urbach
Vinicius Walter Callia
Armando Lopes Correa
Flávio Mancini
Moacir Peixoto
Ricardo Ribeiro Macedo
```

*Jazz Club de São Paulo — Chapa 1 para
o Conselho Deliberativo, em 1960.*

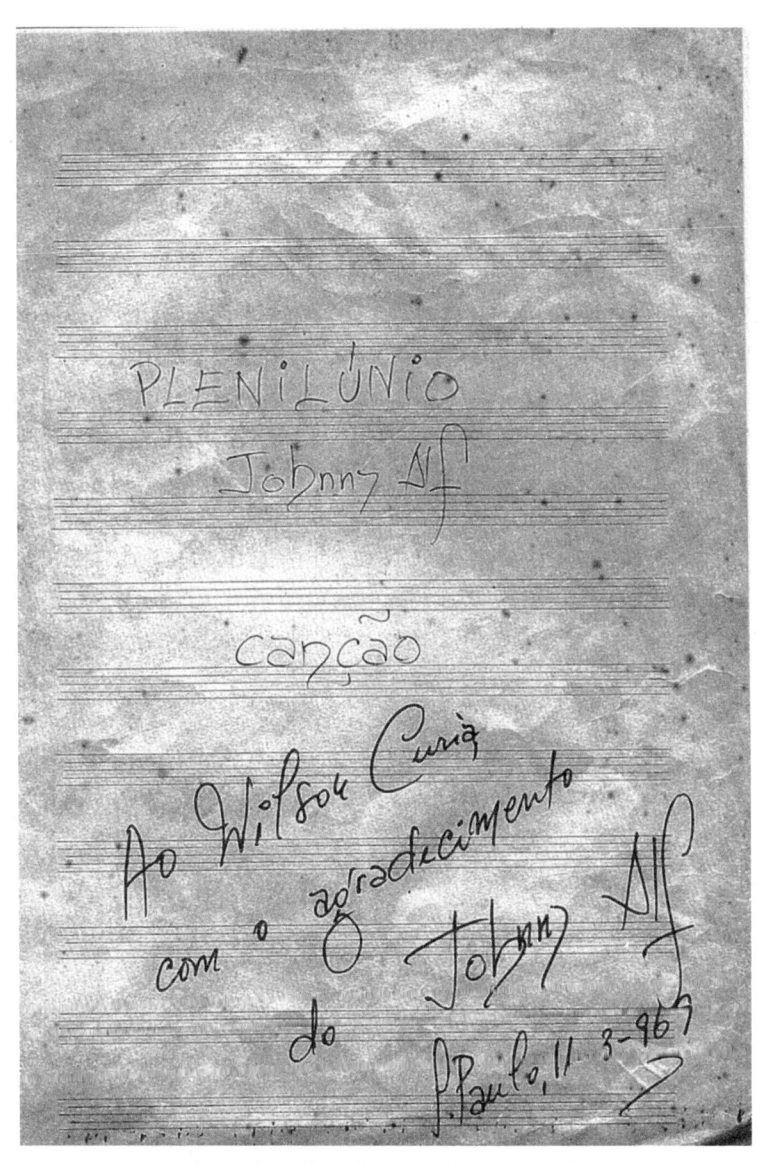

*Dedicatória de Johnny Alf para Wilson,
na composição "Plenilúnio", em 1969.*

CAPÍTULO 4

Nasce um professor

No início dos anos 1950, Wilson era um jovem extremamente talentoso e apaixonado pela música, com a determinação necessária para fazer a escolha que mudou o rumo de sua vida: trocar a carreira de advogado pela de professor de música. Ele ainda estudava Direito, na Pontifícia Universidade Católica de São Paulo (PUC-SP), quando decidiu dar aulas particulares de piano para alguns amigos da faculdade. Nessa época, Wilson dividia seu tempo entre aulas da faculdade, apresentações em *jam sessions*, programas de rádio e TV, e de quebra substituía amigos que tocavam profissionalmente em alguns bares da noite paulistana.

Quem não fazia ideia de que o jovem Wilson estava com tantas atividades e que a faculdade de Direito nem de longe estava no topo de suas prioridades era seu pai. E foi por acaso que ele soube.

> Foi por meio de um amigo frequentador da Baiuca que seu Eduardo acabou sabendo que o filho tocava na noite, porque, justamente quando Wilson estava substituindo Moacyr Peixoto, esse amigo apareceu na boate. Depois da descoberta, seu Eduardo quis saber se Wilson iria ser profissional e se dedicar à música tocando em bares. O filho confessou que gostava muito de tocar, porém o caminho que iria seguir era o de professor de música. Aproveitou a conversa para dizer que iria deixar a faculdade de Direito. Para surpresa de Wilson, o pai concordou.

Mesmo sabendo que sua vocação era dar aulas e se dedicar aos alunos, Wilson ainda dividiu seu tempo tocando como pianista amador até 1969 e, só a partir de 1970, começou a se dedicar exclusivamente ao ensino.

O primeiro espaço onde deu aulas foi na casa dos pais, na Rua Fabrício Vampré, e lá ficou de 1960 até 1979. O imóvel era grande, e Wilson ocupava uma das salas com seu piano de cauda para fazer o que mais gostava: ensinar. Para estimular o desenvolvimento de seus alunos e lhes dar oportunidade de se apresentarem em público, todos os anos Wilson promovia um recital e convidava músicos profissionais para acompanhá-los. Eram bateristas como Mazola, Guilherme Franco, Jayme Pladevall, Antônio, Hernani Bastos e Rubens Barsotti, além dos contrabaixistas João Carlos V. Mourão, Cláudio Bertrami, Zeca Assumpção, Sabá e Mário Augusto.

> *Em 1965, o recital de jazz e bossa nova foi na Liga das Senhoras Católicas, e na primeira parte os alunos tocaram acompanhados por Rubinho na bateria e Luiz Chaves no contrabaixo. Ao final, Wilson se apresentou com os dois amigos.*

No início de sua trajetória como professor, ele dava aulas sozinho. Entretanto, em pouco tempo, com a chegada de novos estudantes, precisou escolher entre os alunos alguns que poderiam ser professores assistentes, para dar aulas também. Preocupados em garantir a qualidade da transmissão do ensino, os assistentes aprendiam com Wilson os cursos que iriam ensinar, alinhando assim a metodologia que seria compartilhada.

> *Seus primeiros assistentes foram Aníbal Moretti, Duília Milani, Elizabeth Caproni, Hely-Ana Checchi, Miriam Lourenção e Nancy Maradei Silva. Eles davam aulas revezando-se numa sala da edícula da casa.*

Em 1975, Wilson realizou uma apresentação no Auditório Theodor Heuberger do Seminários de Música Pró-Arte de São Paulo, com sua assistente Elizabeth M. C. Caproni. Os dois foram acompanhados por Sabá (contrabaixo) e Toninho (bateria).

Em 1976, Wilson resolveu dar um passo a mais como professor e oferecer aulas a um público com quem ainda não tinha trabalhado: as crianças. Para se dedicar a elas, buscou um método já praticado nos Estados Unidos. Com o objetivo de gerar entusiasmo nos alunos e aumentar progressivamente o desejo de aprender, o curso apresentava os fundamentos básicos para a execução do piano popular, por meio do uso de composições atuais.

O curso era composto de sessenta lições elaboradas de tal forma, que as descobertas musicais eram feitas pelo próprio aluno. A efetividade do método estava em fazer com que o aprendiz praticasse os princípios musicais ensinados e os que mais ele iria utilizar, a fim de resolver novos problemas que, por acaso, surgissem. O professor ensinava os conceitos que o aluno deveria aplicar, todavia não dava a solução, porque esta deveria ser resolvida pelo aluno. Nesse método, o aluno aprendia todas as variedades de acordes e diferentes tipos de progressão de acordes, além de introduções, finais, escalas, entre outros. Cada lição ensinava um novo projeto e sua aplicação imediata, em pelo menos uma composição musical.

Durante o curso, o aluno aprendia não somente os estilos cadenciais de piano popular, mas também aprendia a tocar *boogie*, blues e todos os ritmos latinos, assim como estilos contemporâneos e ritmos de jazz. Quando terminava o curso, ao final das sessenta lições, o discípulo estava apto a tocar sem a assistência do professor e também a elaborar seus próprios arranjos.

" Quando se tratava de crianças, Wilson dizia que o estudo de piano era uma tarefa que deveria ser feita em cooperação com os pais, que precisariam fazer com que os filhos preparassem suas lições para as próximas aulas. Segundo ele, o estudo do piano oferecia uma excelente oportunidade de desenvolver hábitos de atenção constante a detalhes e habilidade em seguir instruções. Wilson também ressaltava que o trabalho da memória deveria ser incluído em cada aula de piano, a fim de que a criança fosse estimulada a desenvolver sua força de memorização, e afirmava que o estudo do piano podia ajudar na coordenação motora. Quando ele montou esse novo curso voltado para as crianças, fez a seguinte reflexão:

> Toda música é uma expressão daquele algo que nos faz seres humanos. A habilidade de produzir sons em sequência é uma expressão de inteligência. Nesta época de apego desesperado aos bens materiais, precisamos nos lembrar de que o estudo de piano pode oferecer uma excelente oportunidade para desenvolver hábitos de ter atenção constante a detalhes, captar e seguir instruções para o aprimoramento, e principalmente reconhecer e extrair o potencial que temos dentro de nós e que é uma grande força espiritual do homem.

> A música nos leva à compreensão de que somos alma que possuem corpos, e não, como muitos acreditam, que somos corpos que possuem alma. Por falar diretamente à alma e por ser ilimitada em relação ao tempo e à circunstância, a música sempre foi uma fonte de conhecimento espiritual, meio de expressão de verdades eternas. Muitos homens, através dos séculos,

> encontraram nela uma inspiração constante na busca do fim supremo de suas vidas. A chegada mais próxima da fonte de toda a existência é crescer em harmonia com ela; em outras palavras, é a procura de Deus e a certeza de tê-lo encontrado.

Com o tempo, o número de alunos da escola cresceu, e ela começou a ser cada vez mais procurada, inclusive por músicos profissionais.

> *Nessa época, a escola já tinha um bom número de alunos, e dona Clarita Wainstein, mãe do cantor e ator Juca Chaves, tinha aulas com Wilson. Na sala dele, havia vários quadros relacionados à música, e, sempre que dona Clarita via a imagem estilizada de Beethoven com fone de ouvido, ela dizia: "Se o Juquinha visse esse quadro, ele o levaria para casa com certeza".*

Outro fato curioso que aconteceu nessa escola envolveu a grande habilidade que Wilson tinha com o inglês. O pianista Júlio César Figueiredo, marido da cantora Claudette Soares, comprou um curso de piano em inglês, mas não sabia a língua e não conseguia fazer as aulas. Foi então que Dick Farney disse para Claudette que ele deveria procurar Wilson, que falava muito bem inglês e dava aulas de piano. Tudo foi resolvido com a ida de Júlio até a escola algumas vezes, e, enquanto Wilson traduzia o curso, o aluno ia anotando tudo.

Personalidades importantes da música visitaram a escola naquele período, entre eles: Carl Schroeder (pianista); Horace Silver (pianista); Jamey Aebersold (saxofonista); Marian McPartland (pianista); Tommy Flanagan (pianista).

Até 1995, Wilson organizava apresentações de seus alunos no fim de todos os anos. Elas aconteciam na Liga das Senhoras Católicas, no Colégio Santo Estêvão, no Clube Pinheiros ou no Anhembi. A renda das apresentações era beneficente e destinada a entidades como São Judas Tadeu, Casa André Luiz, Obras Sociais das Antigas Alunas Dominicanas e Lar Escola São Francisco. Os alunos eram acompanhados por músicos profissionais, como Luiz Chaves (contrabaixo); Rubinho Barsotti (bateria); Guilherme Franco (bateria); Claudio Bertrami (contrabaixo); Renato Loyola (contrabaixo); Sérgio Saia (bateria); Zeca Assumpção (contrabaixo); e Douglas Oliveira (bateria).

> Wilson achava importante que os discípulos se apresentassem ao vivo e em público, pois para ele a escola poderia proporcionar ao aluno no máximo 60% do conhecimento. O restante viria de escutar muitos discos, de ter experiência tocando com amigos e de assistir a todos os concertos e shows que pudesse. Ele dizia que, se possível, o aluno devia tocar em bares para entrar em contato com o público e aprender a se desinibir. E sempre tocar com bons músicos.

Em 1979, Wilson teve uma grande perda, a morte de seu pai, e no ano seguinte resolveu investir em um novo espaço para ser a sede de sua escola. Escolheu uma casa no Planalto Paulista com uma boa estrutura para atender seus alunos. O novo endereço era na Alameda dos Guaramomis, 404. A escola permaneceu ali até 1990. Essa nova sede tinha uma recepção, uma sala para Wilson e três salas para seus professores assistentes. O número deles variava de acordo com a demanda dos alunos, e por dia, em média, havia três dando aulas. Nessa sede, os professores assistentes eram: Alais Dias, Cristina Carneiro, Darcy Khouri, Emílio Mendonça, Enilce M. Oetterer, Elizabeth Caproni, Hely-Ana Checchi, Luiz Antônio Karan, Mariza Murta Ferreira, Miriam Lourenção, Regina Almeida

Gomes, Rosa Maria Soares de Almeida, Vinícius Cucolicchio e Ziara Brant de Carvalho.

Para Wilson, ser professor de música era coisa séria, e ele tinha algumas questões que achava bem importantes para a formação de uma pessoa que decidisse dar aulas. Em primeiro lugar, defendia a necessidade de o futuro mestre ter aulas com alguém muito bom, que tivesse mais vivência e mais conhecimento, a fim de que de fato se aperfeiçoasse.

Durante os dez anos em que Wilson esteve na sede da Alameda dos Guaramomis, ele desenvolveu e aplicou diversos métodos para oferecer a melhor qualidade de ensino a seus alunos. Um dos primeiros cursos que disponibilizou foi o "Piano — curso completo de 5 estágios", elaborado por John Brimhall. Era composto por cinco livros, e Wilson traduziu o primeiro para o português. Além de literatura clássica, compreendia música folclórica, técnica e teoria tradicionais, elementos da música e técnica populares, abrangendo músicas que eram grandes sucessos internacionais. Ao completar o curso, o aluno teria desenvolvido uma compreensão pelos eruditos ao mesmo tempo que despertaria seu interesse pela música popular. A instrução popular era trazida gradativamente por meio de leitura. A partir do segundo estágio, o aluno passava a praticar com o trio, utilizando fitas gravadas. Depois dessas fases, iniciava-se o estudo da improvisação, sempre baseado solidamente na teoria.

Outro curso disponibilizado na escola era o "Técnica". Criado por Robert Whitford e composto por 48 lições, oferecia um caminho certo e seguro para uma execução pura e clara da música. Apresentava toda a mecânica essencial para desenvolver agilidade, independência, força e igualdade dos dedos, e para conseguir segurança e velocidade no teclado. As escalas e os arpejos ajudavam a desenvolver um dedilhado correto e um refinado sentido de tonalidade e harmonia. Em tal curso, era eliminado um problema crucial enfrentado por alguns pianistas, a leitura, livrando o estudante da tensão mental e física, e tornando-o capaz de ter flexibilidade e relaxamento natural ao tocar.

Depois vieram os cursos de "Harmonia I", com 16 lições, e "Harmonia 2", com 34. Foram pensados e preparados para alunos que já eram detentores de alguma noção a respeito do assunto, mas ainda não possuíam experiência para aplicar tal conhecimento de forma criativa ao piano. A formação também atendia aqueles que, apesar de nunca terem estudado harmonia, conheciam alguma progressão de acordes e composições, bem como aqueles que gostariam de desenvolver um controle tanto intelectual quanto automático no teclado. Esse método foi organizado por Wilson com algumas técnicas do Berklee College of Music e do *Moderno método para piano bossa nova*.

A escola também oferecia "Estudos preparatórios para Piano e Jazz", que compreendia estudos de acordes em posição fechada, aberta e II7V7, disponibilizando ao aluno toda a teoria e as melodias para harmonização.

O curso "Improvisação" era composto por 32 lições e tinha como objetivo dar ao pianista os artifícios rítmicos, melódicos e harmônicos necessários para expandir-se em todas as áreas da improvisação. O prospecto do curso explicava o método da seguinte maneira:

> " No idioma verbal, juntamos palavras para elaborar frases significativas. Da mesma maneira na música, juntamos notas em desenhos horizontais e verticais. Por isso é necessário iniciar aprendendo os desenhos melódicos e as estruturas verticais básicas, e como essas estruturas de acordes se movem. Nem sempre as criações do improvisador mais capaz são originais. São, sim, uma coleção de ideias memorizadas e desenhos estabelecidos, colocados em

> sequências novas, combinadas com novas ideias. Criações harmônicas também se desenvolvem desse jeito. A improvisação é como uma semente, não pode frutificar enquanto o terreno não for preparado. Nossa gramática musical deve ser aprendida, cultivada e constantemente desenvolvida.
>
> As aulas de improvisação eram feitas em dois pianos elétricos. Wilson e o aluno tocavam cada um em um piano, e era utilizada a tecnologia do play along: era retirado o som do piano, e os dois tocavam sendo acompanhados pelos sons do baixo e da bateria.

O curso "Piano de Ouvido" era composto de 19 lições ilustradas e se destinava a pianistas adiantados e também a principiantes. Os três pontos fundamentais eram: quais acordes tocar com a mão esquerda e quando tocá-los, como formar os acordes por meio de apenas quatro regras e, finalmente, como aplicar as fórmulas de acordes para que se pudesse tocar em qualquer tonalidade. O curso ainda continha um sistema único de técnica "Dinâmica Neuromuscular", que ajuda a desenvolver os músculos usados na execução do piano, do violino, da guitarra e de outros instrumentos. Ele desenvolve os músculos e as respostas nervosas por meio de uma série de movimentos, executados quando o músculo permanece num estado de antagonismo. Esses movimentos são feitos longe do instrumento e necessitam somente de dez minutos diários para serem executados.

Para aqueles alunos que já sabiam tocar piano e não se interessavam por nenhum curso, a escola oferecia aulas para que aprendessem a tocar suas músicas favoritas, desde que fizessem primeiro o curso de "Técnica".

E, finalmente, havia o workshop "Arranjos para Bandas", para o qual Wilson importou dos Estados Unidos um aparelho audiovisual que dava uma visão de como escrever arranjos para bandas em apenas 33 minutos. O *filmstrips* consistia num filme de 35 mm de comprimento, contendo uma sucessão de fotografias estáticas que eram projetadas uma a uma. Esse curso foi desenvolvido por Frederik Pease, diretor do departamento de arranjo do Berklee College of Music, e destinava-se a estudantes, músicos e professores com formação musical mais avançada. Com a conclusão deste workshop, os participantes obtinham conhecimento e condições de elaborar arranjos de MPB, jazz, rock e *jingles* para bandas e para trabalhos de estúdios em geral.

Em todos os cursos da escola, eram oferecidos materiais como apostilas e certificados de conclusão aos participantes.

Professor e músico, Wilson estava sempre atento às novas tecnologias que poderiam ajudar seus alunos no aprendizado, então, ainda nos anos 1980, já trazia questões importantes sobre a utilização de aparatos tecnológicos no aprendizado da música. O professor acreditava que a sala de aula deveria refletir as evoluções que o mundo estava vivendo, além de aumentar sua efetividade. Para aquela época, as novidades eram aparelhos de videocassete e de som (*receiver*, toca-discos), gravadores de rolo, fita cassete, projetor de filmes, *slides*, pianos eletrônicos, máquinas rítmicas e discos com acompanhamentos rítmicos.

> Wilson acreditava que o auxílio visual representava uma força educacional dinâmica, englobando todo o sistema de estudo, o processo de instrução e o ambiente para educação. Para ele, o papel do professor nesse contexto era transmitir conhecimentos, desenvolver técnicas e também controlar o ambiente de aprendizado necessário para experiências musicais emocionantes. Para isso, o professor de música deve saber utilizar adequadamente cada artifício à sua disposição.

No entanto, a tecnologia também era criticada, principalmente por aqueles que acreditavam que a utilização de máquinas para o ensino da música poderia ser instrumento para moldar seres humanos.

> " Porém, ele defendia que essas apreensões eram reações antagonistas à tecnologia, e acreditava que as máquinas não iriam substituir o professor, e sim ajudá-lo em sua missão de ensinar, pois elas não podiam fazer julgamentos de valores. Wilson também dizia que os aparelhos eletrônicos não deviam ser vistos isoladamente, porque eram meios para o instrutor viabilizar a conquista de objetivos. E, a fim de que a tecnologia pudesse facilitar esse processo, cabia ao professor entender o tipo de aluno que estava tentando alcançar, assim a comunicação entre eles seria mais efetiva.

Na escola, os assistentes davam os cursos de "Piano Completo", "Técnica" e "Harmonia", enquanto Wilson era o responsável por dar os cursos de "Improvisação", "Estudos Preparatórios para Piano e Jazz" e "Piano de Ouvido".

O experiente professor sabia, porém, que, além do aprendizado e da metodologia utilizados pela escola, era importante oferecer aos alunos outras oportunidades para se desenvolverem e apresentarem seus conhecimentos e suas habilidades. Para os adultos, ele passava vídeos de pianistas e apresentava audiovisuais sobre música em geral. Havia ainda apresentações com seus assistentes, como a realizada com Cristina Carneiro, em 1986, no Clube Sírio-Libanês. Na primeira parte da apresentação, ela tocou músicas eruditas, e na segunda Wilson tocou jazz, acompanhado de Hector Costita (sax-tenor), Acê (baixo) e George (bateria).

A escola sempre manteve as portas abertas para a visita de músicos estrangeiros — entre eles, Harold Danko, Toshiko

Akiyoshi e Chuck Marohnic. Àquela época, Wilson organizou três seminários com Jamey Aebersold, Harold Danko e Chuck Marohnic, dirigidos a seus alunos e a pessoas interessadas em música.

Uma artista brasileira que visitava a escola a fim de mostrar suas composições a Wilson, na época em que ela estava no Planalto Paulista, era a cantora Roberta Miranda. O mestre reconhecia o talento da jovem e antevia seu sucesso. Lucy se lembra com saudade de alguns fatos curiosos e até engraçados terem acontecido com os alunos da escola.

> *A filha do Roberto Carlos fazia aulas na escola e, certa feita, trouxe um cheque dele para pagar a mensalidade. Olhei para aquele cheque e pensei: "Desconto no banco ou guardo como um autógrafo?". Não guardei. O Simoninha também estudou na escola. Uma vez, o Simonal ligou para o Wilson pedindo uma atenção especial para o menino, mas sem falar com o filho sobre isso. Outros alunos da escola, nessa época, foram o irmão do cantor Jessé, Manuel, e o pianista da banda, Jânio Santone. Quando Jessé lançava um álbum, ele sempre trazia um disco autografado para Wilson.*

Para começar a estudar piano, o importante era a vontade do aluno e sua dedicação. Na Alameda dos Guaramomis, Wilson teve dois alunos que, depois de aposentados, resolveram se dedicar ao aprendizado do instrumento.

> *Jack Von Ockel Tebyriça começou seus estudos de piano aos 70 anos, no 'Curso de alfabetização', e completou os cinco estágios. Ele dizia para Wilson que aos 60 anos começou a pintar, aos 70 iniciou as aulas de piano e estava pensando o que iria estudar quando completasse 80 anos. Outro aluno foi o senhor Altamiro Moretti, que, aos 74 anos, fez o curso 'Piano de Ouvido'.*

Em 1990, os donos da casa da Alameda dos Guaramomis venderam o imóvel para uma construtora que iria fazer um prédio no local, e Wilson teve de encontrar um novo espaço. Ele decidiu que voltaria para a casa da Rua Fabrício Vampré, onde sua mãe estava morando e onde havia bastante espaço para organizar a escola. Dessa vez, o pianista resolveu fazer uma reforma na edícula e acomodar com mais conforto toda a estrutura de salas de aula e recepção. A escola ficou naquele endereço até 1996. Wilson contava com os seguintes assistentes: Hely-Ana Checchi, Emílio Mendonça, Vinícius Cocolicchio e Cristina Carneiro. Naquele período, recebeu a visita de pianistas como Mike Wofford e Russ Freeman.

> A morte de dona Carolina, em 1995, foi uma grande perda para Wilson e seu irmão, Carlinhos. Por isso, os dois decidiram vender a casa da Fabrício Vampré. Com a sua parte do dinheiro, Wilson comprou uma casa na Rua Áurea, 251 (também na Vila Mariana), e a escola se mudou para esse novo endereço em 1997. Existe uma coincidência interessante com o número desta casa: 251 é uma progressão com três acordes: um menor (M), um com sétima (7) e um com sétima M maior (7M).

Na rua Áurea, a escola teve os assistentes Denise Gaspar Reis, Denise Mayumi Ogata, Emílio Mendonça, Eiko Akiyama, Enilce Oetterer e Nilton Corazza; e recebeu a visita do baterista Rusty Jones e do saxofonista Rick Condit.

Wilson foi homenageado algumas vezes durante sua carreira como professor de música. Uma que o deixou muito feliz foi um reconhecimento internacional. No dia 15 de agosto de

2000, Roberto Sion ligou para Wilson dizendo que a International Association For Jazz Education (IAJE) havia solicitado que ele escolhesse um professor de jazz da América Latina que seria homenageado. E Wilson foi o escolhido.

Em setembro de 2000, recebeu da IAJE a placa de reconhecimento por sua dedicação e pelos relevantes serviços prestados ao jazz, o Lifetime Achievement Award. A International Association for Jazz Education foi uma corporação sem fins lucrativos com sede em Manhattan, Kansas. Era dirigida por voluntários que, entre outras coisas, alocaram bolsas de estudos para estudantes por meio de seu programa de festivais. Sua conferência era um ponto de encontro para artistas, profissionais e entusiastas do jazz. Muitos consideram a IAJE como a base da comunidade do jazz e seus muitos programas como a pedra angular da educação desse gênero musical.

> Wilson ficou muito honrado com o prêmio, dado apenas a cinco profissionais de jazz, sendo um de cada continente. Ele disse que estava muito feliz pelo que tinha feito por esse gênero musical no Brasil. A cerimônia de entrega foi no Centro Cultural da Fiesp, na Avenida Paulista, e dela participaram vários alunos, músicos, parentes e amigos. Quem lhe entregou a placa foi o saxofonista e professor de jazz Rick Condit, que, por 25 anos, ensinou música em 26 cidades, dos 5 continentes. Ao final da homenagem, algo que não podia faltar: uma apresentação de jazz com Wilson (piano), Rogério Botter Maio (contrabaixo), Roberto Sion (sax) e Bob Wyatt (bateria).

Em 2002, Wilson foi escolhido entre as personalidades mais representativas da Vila Mariana e de sua história, tendo sido convidado para o cargo de Ministro da Música da "República da Vila Mariana", criada em 1990 por um grupo de moradores com o objetivo de buscar melhorias para a região.

Uma questão importante para o professor Wilson era o respeito com que recebia cada aluno. O pianista lhes incentivava as capacidades e, mesmo quando percebia que algum não tinha tanta habilidade, continuava a estimulá-lo, uma vez que acreditava que o sucesso também dependia do esforço e da determinação dedicados às aulas.

> Quando Wilson percebia que certo aluno não levava jeito, ele não falava nada, pois sabia que, com esforço e dedicação, poderia se tornar um bom profissional. Certa vez, um discípulo que não tinha tantas habilidades decidiu pedir demissão do emprego, se dedicou somente à música e conseguiu ganhar a vida tocando. Para Wilson, quem queria aprender a tocar piano devia ter disposição, humildade, paciência e perseverança.

Ele sabia da importância de estudar em boas escolas e fez algumas cartas de recomendação para seus alunos que queriam entrar no Berklee Institute. Uma delas foi para Eduardo Roberto dos Santos Ribeiro, na época com 18 anos.

> Infelizmente, uma fatalidade não permitiu que o aluno fizesse o curso, o que nos deixou muito tristes. Em maio de 2003, Eduardo veio buscar a carta de recomendação na escola e estava muito animado com os estudos que iria fazer. No entanto, poucos dias depois que ele chegou aos Estados Unidos, sofreu um acidente de carro e faleceu. Ficamos em choque.

Perguntado se ele achava que algumas pessoas tinham o dom para tocar, Wilson citou os exemplos de César Camargo Mariano, que, quando era pequeno, ganhou do pai um piano e, sem nenhuma aula, abriu-o e começou a tocar; aos 14, era conhecido como menino prodígio. Também Erroll Garner, um músico criativo, virtuoso e brilhante, que era autodidata e começou a tocar aos 3 anos.

Durante os 66 anos em que se dedicou ao ensino da música, Wilson sempre acreditou ter feito a melhor escolha para sua vida: deixar a carreira de advogado para ser professor de música.

> " A profissão escolhida por Wilson lhe trouxe muitas alegrias, além de fazer grandes amizades, tanto no Brasil como no exterior. No entanto, ele costumava dizer que a falta de reconhecimento ao profissional de música era o que o deixava triste. Ele costumava repetir uma frase de Georges Bizet: 'Música: uma arte esplêndida, mas uma profissão triste'. Quando lhe perguntavam qual era a sua profissão, Wilson respondia: pianista. Muitas pessoas insistiam em saber qual era a profissão, pois ser pianista não lhes parecia uma de verdade. Ele também via com desgosto a forma como o ensino de música era tratado no Brasil, pois no tempo dele havia aulas de música na escola, mas isso, com o tempo, deixou de existir. Para ele, a criança que estuda música é menos agressiva, porque a música aguça a sensibilidade.

Em toda a sua carreira como professor, Wilson ensinou para 1.700 alunos, entre eles uma longa lista de profissionais como: Agagianian Kris de Carvalho (pianista); Ana Maria Brandão (cantora); Antônio Caio Gomes Pereira (pianista, professor); André Growald (pianista, saxofonista e psicólogo); Aljamar Ferreira da Silva, "Pachá" (pianista); André P. Marques (pianista de Hermeto Pascoal); Bruno Pasqual (contrabaixista de Roberto Carlos); Carlos Alberto de Castro (baterista de Roberto Leal); Celso Monjola (pianista); Celso Santos (pianista, cantor do coral SBT); Cristiane V. Gonçalves Dias (organista); Cristina Carneiro (pianista de Tom Zé); Deise Domingues (organista); Emílio Mendonça (pianista, professor); Evaldo Antonio Soares (pianista da Famiglia Mancini); Fausto de Paschoal (pianista, professor); George André (arranjador); Hamleto Stamato (pianista); Hector Costita (saxofonista); Heloisa Fernandes (pianista); Henrique Iafelice (guitarrista, professor); Hermes Santana Saraiva (pianista); Hilton Jorge Valente, "Gogo" (pianista de Dick Farney); Jaime S. Pladevall (baterista); Jânio Santone (pianista); Jorge Oscar de Souza (contrabaixista, pianista); José Briamonte (maestro, arranjador); Júlio Camargo Carone (organista); Júlio César de Figueiredo (pianista); Juvenal Vanzella (baterista, pianista); Leandro Manfredini (pianista); Lilu (pianista, professora); Luiz Chaves (contrabaixista do Zimbo Trio); Madalena de Paula (cantora); Magno D'Alcantara, "Maguinho" (trompetista de Roberto Carlos); Manoel F. Santos Filho (pianista de Jessé); Marcelo Uchoa Zarvos (pianista); Marcos Romera (pianista); Menezes (pianista de Wilson Simonal); Mozar Terra Vieira (pianista); Nestor de Franco Gomes (baterista, pianista); Nilson Lombardi (compositor erudito, pianista); Olinto Voltarelli (pianista, arranjador); Osmar Milito (pianista); Paulo Freire (organista); Paulo Mandarino (cantor lírico); Pike Riverte (saxofonista de Roberto Carlos); Regina A. Gomes (pianista); Roberto Gagliardi (trombonista); Rosa Maria Soares de Almeida (pianista de Roberta Miranda); Rubens Gianotti Pimentel (organista, pianista e professor); Rubens Pocho (pianista, arranjador da TV Tupi, antigo Canal 3); Rubens Salles Peixinho (pianista em Nova York); Ruy Saleme Yamamura (guitarrista do Grupo D'Alma); Sandra Vecchio Kison (pianista, professora); Sílvio L. Vieira Pierotti (pianista, arranjador); Silmar Campos Cunha (pianista do Antiquarius); Sílvio César (cantor); Tiago Mineiro (pianista); Tiago Fagundes (pianista); Vivian Domingues (cantora do

Supersom T.A.); Wilson Simoninha (pianista); e Wagner Antônio Garbuio (pianista, saxofonista).

Podemos destacar, ainda, alunos de outros países: Adriana Damus (Alemanha); Conny Hirzle (Alemanha); Isabel Wallace (San Diego); Miriam Brosh (Miami); Nelson Cafruni (Londres); Paola Abou (Los Angeles); Rubens Salles Peixinho (Nova York); e Thomas Puschel (Alemanha).

O professor fazia uma série de recomendações aos alunos e, como apreciador da boa música, organizou uma lista contendo nomes de artistas dos quais ele gostava e sempre indicava para que todos ouvissem. Para os músicos de jazz, além do nome, a lista trazia uma referência sobre o músico.

- Art Tatum — era extremamente virtuoso e criativo.

- Bill Evans — é uma referência do piano de jazz após os anos 1950.

- Bud Powell — tinha uma harmonia inovadora.

- Brad Mehldau — compara a dificuldade do processo de composição a um jogo de xadrez, sempre imprevisível, como um duto de escape com várias possibilidades.

- Chick Corea — contribuiu significativamente para o jazz tradicional.

- Dave Brubeck — tinha uma criatividade das linhas melódicas e dos tempos alternados.

- Erroll Garner — desenvolveu um estilo característico que consiste na mão direita tocando ligeiramente atrás da batida, enquanto a esquerda dedilha um ritmo.

- George Shearing — tinha um estilo econômico de tocar, seco, direto, objetivo, sem muitos arpejos nem elementos decorativos.

- Herbie Hancock — junto com Miles Davis, passou por quase todas as fases do jazz: do *bebop* ao *fusion* psicodélico.

- Horace Silver — fundou o *hard PoP*, estilo extrovertido do jazz da Costa Leste, para contrastar com a linha introspectiva do *cool jazz* da Costa Oeste.

- Keith Jarrett — deixa espaços que, em geral, os pianistas não têm coragem de fazer.

- Mary Lou Williams — foi pianista de blues, *boogie, swing, bebop* e *free*.

- McCoy Tyner — era virtuoso na maneira de improvisar, baseado na harmonia quartal.

- Michel Petrucciani — tinha um estilo único, intimista, lírico e impetuoso.

- Oscar Peterson — é conhecido pelas levadas nas duas mãos, pela sua técnica e pelos solos velozes.

- Stan Getz — foi o saxofonista norte-americano e intérprete do *cool jazz* que se tornou uma das principais figuras da bossa nova.

- Thelonious Monk — improvisava com poucas e muito bem-trabalhadas notas.

Os artistas de bossa nova indicados na lista eram: Alaide Costa, Antônio Adolfo, Baden Powell, Carlos Lyra, César Camargo Mariano, Chico Buarque de Hollanda, Djavan, Edu Lobo, Elis Regina, Eumir Deodato, Francis Hime, Ivan Lins, Johnny Alf, João Donato, Leny Andrade, Luiz Bonfá, Luiz Carlos Vinhas, Marco Valle, Nara Leão, Nelson Motta, Oscar Castro Neves, Paulo Sérgio Valle, Roberto Menescal, Sérgio Mendes, Tom Jobim, Toquinho, Vinícius de Moraes, Vítor Martins, Walter Santos e Wagner Tiso.

Além de músicos de jazz e bossa nova, o professor recomendava também que seus alunos ouvissem pianistas clássicos, como Chopin, Debussy e Erik Satie. Da música popular indicava Ed Motta, Ella Fitzgerald, Frank Sinatra, Hermeto Pascoal, Jair Rodrigues, Liza Minnelli, Michel Legrand, Milton Nascimento, Nina Simone, Rita Lee, Roberto Carlos, Sílvio César, Wilson Simonal e Zizi Possi.

Para os alunos que pretendiam comprar um piano, Wilson também listava uma série de recomendações, desde a qualidade do instrumento musical até a forma como ele deveria ser colocado no espaço onde iria ficar.

> Para Wilson, o piano deveria ser acústico ou, no caso do digital, possuir teclas com o peso de um piano acústico. Outro fator que deveria ser levado em consideração na escolha era o espaço disponível, pois pianos acústicos de cauda ou pianos digitais ocupam mais espaço, exigindo ambientes maiores. Pianos verticais, também conhecidos como piano de armário, podem ser colocados perto de uma parede.

Wilson ainda orientava seus alunos quanto aos cuidados que deveriam ter com seus pianos e dizia que estes eram instrumentos com teclas pretas e teclas brancas que vivem juntas em perfeita harmonia.

> Ele explicava que um piano necessita de ventilação adequada, não devendo ser posto junto à janela e devendo estar distante de aquecedores, ar quente ou lareiras. Em locais demasiado secos, Wilson aconselhava colocar um umidificador. Orientava a nunca deixar objetos sobre o piano, pois podem afetar o timbre e causar vibrações indesejadas. Também considerava importante cuidar para nunca derramar líquidos sobre o instrumento.
>
> Para manter o piano limpo, Wilson recomendava o uso de uma flanela umedecida e outra seca, sendo que o teclado deveria ser limpo com uma flanela seca. O piano deveria estar sempre afinado, pois a afinação regular é essencial para ter prazer em tocar e é uma condição sine qua non para treinar o ouvido. As alterações de temperatura ou a umidade afetam o som do piano, colocando-o fora de sintonia. Isso deve ser corrigido por um afinador qualificado. Wilson aconselhava chamá-lo uma ou duas vezes ao ano, e o profissional também deveria fazer a limpeza interna.
>
> E, finalmente, Wilson dizia que piano precisa ser tocado. Aconselhava a nunca deixá-lo parado. Segundo ele, quanto mais tocar, melhor para a saúde do instrumento. A vida útil de um piano pode se estender até um século. É uma peça para a vida toda, que pode ser passada de geração em geração.

Assim como cuidava de seus pianos, Wilson estava muito atento à saúde, que sempre foi muito boa. Durante a vida, ficou poucas vezes doente. Na infância, teve tosse comprida (ou coqueluche) e, na vida adulta, só precisou ser operado de uma hérnia umbilical em 2005. Três dias após ser operado, já estava de volta às aulas. Em 2008, porém, Lucy começou a notar que Wilson estava com um comportamento estranho. Por isso, ela e Thais resolveram procurar a ajuda do geriatra Marcelo Valente.

> Comentei com o médico algumas situações que haviam acontecido, como quando ele se perdeu ao voltar da escola para casa e também quando foi me levar numa doceria e demorou mais de uma hora para dar a volta no quarteirão e me pegar novamente. Depois de alguns exames, o dr. Marcelo deu o diagnóstico: Alzheimer. Isso me deixou muito preocupada. Ele receitou alguns medicamentos, e Wilson conseguiu manter sua rotina de aulas, sem saber de seu diagnóstico. Eu dava os remédios e jogava as bulas fora para que ele não as lesse. Como ele não acessava o computador, nunca procurou saber ao certo o que tinha. Thais e eu dissemos que era um problema de memória.
>
> No dia 10 de março de 2012, Wilson chamou a mim e a filha e disse que nos levaria até a Cinemateca Brasileira, onde era o antigo Matadouro Municipal de São Paulo. Achei que ele estava muito nostálgico, pois começou a rodar com o carro mostrando onde existiam algumas fábricas pelo bairro. Na minha infância, eu conhecia algumas, como a da Bozzano, a da Pianos Brasil e a da Lacta. Naquele dia, disse para Wilson que algumas coincidências envolviam nossas vidas, como quando eu tinha 6 anos e fui brincar com a filha do Arthur Eberhardt, Sílvia, que estudava comigo no Graded School e morava na mesma rua que a dele, a Fabrício Vampré.
>
> Por fim, ele mostrou a Escola de Datilografia Rodrigues Alves, e eu disse que fiz meu curso ali e, três vezes por semana, encostava meu carro em frente à casa dele e sempre via

o Carlinhos se despedindo de dona Carolina de uma forma muito carinhosa.

Quando chegou à Cinemateca, Wilson começou a sentir muito cansaço, e resolvemos ir ao consultório de um cardiologista aluno dele, o dr. Eulógio Emílio Martinez Filho. O médico fez alguns exames, recomendou repouso e indicou que Wilson dormisse com dois travesseiros. No domingo de madrugada, ele passou muito mal e, no dia 12 de março de 2012, foi operado da válvula mitral pelo dr. Enio Buffolo, no Incor. Wilson se recuperou muito bem da operação e depois de uma semana já estava de volta às aulas.

Em 2014, começou uma fase difícil para Lucy, que precisava passar o dia na escola com Wilson — pois ele já não dirigia mais — e também cuidar de seu cachorrinho, Toby, na época com 17 anos, que estava muito doente. Depois de um tratamento exaustivo, o veterinário dr. Aloysio Cunha de Carvalho indicou que seria melhor sacrificá-lo. Assim o fizeram.

> Doutor Aloysio tinha muito carinho por mim, Wilson e Thais, e sempre nos ajudou muito com o tratamento do Toby. Esse foi um momento difícil, e nos lembramos de quando ele chegou em casa numa pequena caixa de sapatos.

O amor pela música e a paixão por ensinar fizeram com que Wilson continuasse a dar aulas por mais um tempo.

> Wilson tinha uma ligação especial com seus alunos e se dedicava a cada um deles com muita competência e atenção. Suas aulas eram de 55 minutos, mas nunca as interrompia só porque o tempo havia terminado. Quando concluía os ensinamentos, acompanhava o aluno até

a recepção e se despedia dele. Assim, cumprimentava o próximo estudante, tomava um cappuccino e o levava para a sala de aula.

Em 2 de abril de 2015, Wilson teve uma grande perda, que o deixou muito triste: a morte de seu irmão, Carlinhos. No dia 15 de dezembro daquele mesmo ano, depois de dar aula para Maria Inês de Toledo Cesar, Wilson decidiu que iria parar de lecionar de vez.

> Ele mesmo chegou à conclusão de que não tinha mais condições, pois nas aulas de improvisação, quando tinha que tocar como o aluno, as mãos não estavam conseguindo seguir seus pensamentos. A partir de 2016, seu estado de saúde se agravou, e Wilson foi cuidado por Luiz Galvão, que ficava de dia, e por mim, que ficava à noite. A fisioterapeuta, Sandra Tebet, vinha duas vezes por semana e tinha muita paciência com ele. A prima de Wilson, Mônica Torres Tassini, que é terapeuta de reiki, ia lá para casa uma vez por semana. E a Josefa Ferreira de Santana, nossa querida Zefinha, que já trabalhava em casa e tem curso de auxiliar de enfermagem, ajudava com os cuidados dele também. A comida passou a ser feita pela Zefinha, e Wilson achava muito boa. Todos tiveram muito carinho e atenção com ele.

Em novembro de 2016, Wilson fez um pedido especial a Lucy e Thais: visitar a Capela São Pedro e São Paulo, onde ele e a esposa haviam se casado.

> Ele disse que gostaria de rezar e relembrar o dia do nosso casamento. Aquela foi a última vez em que saiu de carro. No fim daquele mês, ele foi diagnosticado com câncer do fígado e, no dia 1º de fevereiro de 2017, cheguei em casa, e ele estava passando muito mal. Levei Wilson para o

Hospital A. C. Camargo, e, na madrugada do dia 2 de março de 2017, ele faleceu. Seu enterro foi no dia 5 de março de 2017, no Cemitério São Paulo.

No dia 12 de março, foi celebrada a missa de sétimo dia, na Paróquia São Judas Tadeu. Fomos somente eu e a Thais. No dia 17 de maio, houve uma homenagem ao Wilson no Estúdio Oca, de André Oliveira, organizada pelo próprio André e por Clério Sant'Anna (ambos alunos dele). Alguns estudantes tocaram, como Dalio Sahm (engenheiro), Arthur Kaufman (psiquiatra), Carlos Blauth (advogado) e Eulógio Emílio Martinez Filho (cardiologista). Também tocaram profissionais como Hector Costita (saxofone), André Oliveira (piano), Evaldo Soares (piano), Aldo Scaglione (baixo), Marcos Romera (piano), Hilton Jorge Valente, Gogô (piano) e Clério Sant'Anna (piano). No dia 30 de julho, Thais organizou uma missa para amigos, alunos e músicos, na Capela São Judas Tadeu.

Placa dada pela International Association For Jazz Education, em 2000.

Sala de palestras da escola de música.

Secretaria da escola.

Sala de aula de Wilson.

Sala de aula de Wilson e seus pianos.

Exercício do curso de "Harmonia I".

Exercício do curso de "Harmonia II".

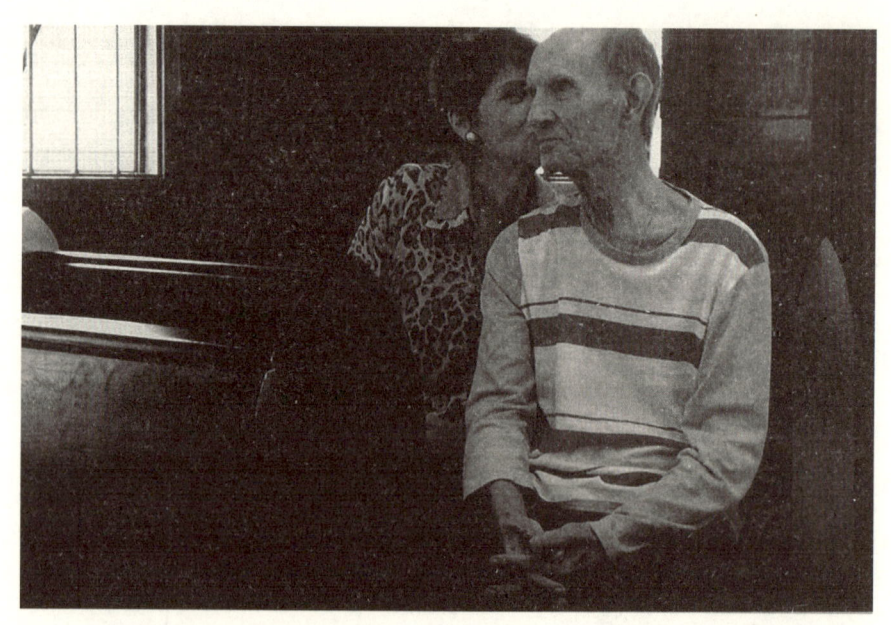

Lucy e Wilson, na Capela São Pedro e São Paulo, em 2016.

Aniversário de Lucy, em 2016.

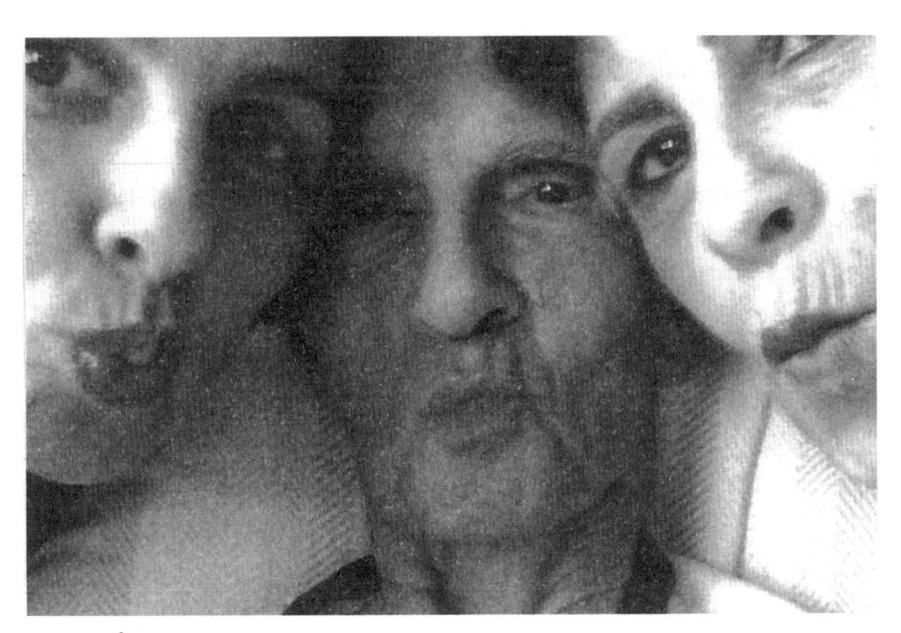

Último Natal de Wilson junto com Thais e Lucy, em 2016.

CAPÍTULO 5

O legado de Wilson

Desde muito jovem, Wilson sentiu que ensinar música era sua missão e, como um mestre que sabe a importância de transmitir seus conhecimentos para o maior número de pessoas possíveis, percebeu que uma das maneiras de fazer isso seria escrever livros e gravar vídeos didáticos. E foi o que fez. Escreveu seis livros e gravou cinco videoaulas, fazendo com que seus ensinamentos atravessassem fronteiras e chegassem a outros continentes.

> Certa vez, perguntei a Wilson como era o seu processo ao escrever um livro ou gravar uma videoaula, e ele me respondeu que fazia de conta que era o aluno e imaginava quais perguntas ele faria. Depois, criava o processo, passo a passo. E isso Wilson fazia muito bem, porque tinha um enorme conhecimento da matéria e uma ótima pedagogia. Seus livros e suas videoaulas ensinam as etapas que os alunos devem cumprir para colocar em prática todas as orientações, unindo o conhecimento e a prática.

O primeiro livro que Wilson escreveu foi o *Moderno método para piano, bossa nova e jequibau*, impresso pela editora Sidomar, em 1971. Ele dedicou a obra aos pais e fez um agradecimento a seu professor Paul Urbach e ao Berklee College of Music, na pessoa do professor Robert Share.

> Esse foi o primeiro livro didático sobre bossa nova lançado no Brasil e teve uma grande repercussão. Em março de 1974,

a revista Down Beat, em um artigo assinado pelo saxofonista e regente Stanley DeRusha, diretor da Universidade de Missouri, incluiu o método como a publicação sobre bossa nova mais importante já lançada nos Estados Unidos. O livro está na New York Public Library, no Berklee College of Music (ambos nos Estados Unidos) e na Nippon Gakki (Yamaha Corporation), no Japão.

Em seu prefácio, o livro contou com o seguinte texto escrito por Amilton Godoy, Rubens Barsotti e Luiz Chaves (Zimbo Trio).

Muitos trabalhos foram escritos sobre a Música Popular Brasileira, principalmente no que diz respeito à parte histórica, geográfica e literária, mas nenhum ou quase nenhum deles possibilitou ao estudante de música popular, de uma maneira objetiva, algo palpável, que pudesse ser utilizado de forma prática no instrumento. Através de uma análise individual de alguns instrumentistas que Wilson Curia considerou importante para suas observações, ele propôs várias fórmulas que, se bem assimiladas e empregadas, poderiam contribuir para a criação de um estilo próprio.

Não só o piano, mas também toda a seção rítmica (baixo e bateria) mereceu do autor da obra exemplos básicos de suma importância.

A jornalista e escritora Lenita Miranda de Figueiredo, que acompanhou de perto a carreira de Wilson e viu seu desenvolvimento desde o início, também escreveu um texto para prefaciar o livro.

Minha amizade com Wilson Curia é antiga. Vem dos tempos da adolescência, quando o jazz tomou impulso tão inesperado, o que nos levou a criar o primeiro Jazz Club de São Paulo: tempos de memoráveis jam sessions semanais, festivais e concursos de piano nas mais famosas boates da cidade. Wilson já era um bom pianista que começava na escola de Paul Urbach e logo se emancipava na grandeza de seus conhecimentos de harmonia. Acompanhei seu trabalho e sei o quanto lhe foram penosas a busca de um estilo e a formação de sua personalidade pianística. Em pouco tempo, tornou-se um dos mais modernos professores de jazz, com um considerável número de alunos, alguns dos quais eram músicos e cantores famosos, a quem ele ensinava a arte de compor, de arranjar, de harmonizar.

Muitos anos depois, reencontrei Wilson e, ao ouvi-lo tocar, pude constatar seu amadurecimento, o que lhe viera coroar o trabalho e o estudo de muitos anos. Não me surpreendi, assim, quando me contou que estava escrevendo um método sobre a técnica de tocar bossa nova, pois sabia que ele possuía conhecimentos de harmonia e capacidade para realizar um trabalho de grande fôlego no gênero. Com esse trabalho, Wilson Curia se impõe no cenário musical brasileiro, o que fatalmente lhe trará ampla repercussão internacional.

A introdução do livro foi escrita pelo pianista, flautista e escritor Reese Markevich.

Em todo mundo, os músicos estão ansiosos por livros de ensino, em especial no jazz moderno e na música popular, campos que até pouco tempo atrás requeriam um aprendizado por si só. Agora, um estudante pode iniciar-se mais vantajosamente com um professor capaz, com uma certa parcela de habilidade desenvolvida antes através do estudo, não somente em harmonia moderna complexa, mas também em seu importante companheiro para uma execução profunda, a sofisticação rítmica.

Esta obra é valiosa porque explica a bossa nova autêntica e não diluída, diretamente de sua fonte, nas palavras de um perito enraizado em sua própria origem. Tanto os pianistas amadores e os profissionais como outros instrumentistas que executam a bossa nova acharão agradável este livro de história e instrução. Ver impresso aquilo que se ouve nas gravações recomendadas é instrutivo.

Wilson Curia fez uma importante contribuição para a história, a análise e a divulgação da música brasileira autêntica.

O reconhecimento de muitos músicos nacionais e internacionais, depois da publicação de *Moderno método para piano bossa nova*, demonstrou a relevância da obra.

> Sinceramente, acho que esta publicação não é apenas um benefício para os pianistas, mas sim para todos que levam a música a sério.
> **Tommy Flanagan**

> Uma grande necessidade preenchida neste trabalho.
> **Ed Thigpen**

> Este é um bom livro e também muito importante. Vou usá-lo como um guia para alguns arranjos que estou preparando para o Swingle Singers, no estilo de bossa nova.
> **Ward Swingle**

> Para mim, este é o livro mais interessante sobre bossa nova que já apareceu na América do Norte. Ele nos traz uma advertência com relação à mão esquerda e à fórmula 2/4. Sou grato por este livro, porque é o que todo pianista de Jazz deveria ter.
>
> **Duke Pearson**

> Até hoje é a informação mais compreensiva sobre bossa nova e música brasileira que já vi.
>
> **Robert Share**

O segundo livro que Wilson escreveu foi o *Pianos solos*, lançado em 1971, pela editora Sidomar. Dedicado à Lucy e à filha, Thais, o livro teve no prefácio o texto do compositor, arranjador e pianista, Dick Grove.

> *Você chegou para uma recepção. Wilson Curia reuniu e arranjou doze solos para piano, de notáveis compositores contemporâneos brasileiros. Estes arranjos interessantes de compositores como Jobim não somente encantarão você melodicamente, como também servirão de compreensão inestimável no que diz respeito às aplicações rítmicas e harmônicas da bossa nova para o piano. Wilson Curia deve ser parabenizado por sua integridade musical e técnicas inventivas de arranjo, aqui combinadas com tanto sucesso nas páginas deste livro.*

O pianista Pedrinho Mattar, que Wilson conheceu logo no início de sua carreira, também escreveu um texto para prefaciar o livro.

> *Conheço Wilson Curia desde a década de 1950, quando iniciamos nossas carreiras, amadoristicamente. Desde então, seguimos caminhos diferentes, embora tenha tido*

a oportunidade de encontrar meu caro colega algumas vezes, e nessas ocasiões comentamos com entusiasmo tantas coisas que nos aconteceram, durante estes anos de profissionalismo.

Por isso, aceitei, com muito prazer, o convite que me foi feito para escrever este pequeno prefácio sobre o novo lançamento de Wilson Curia: Piano solos.

Sempre tive a opinião de que as pessoas não adquirem qualquer dom em vida, mas simplesmente o desenvolvem. Wilson Curia é uma dessas pessoas escolhidas e especiais.

Desde cedo, demonstrou sua vocação e o dom nato para a música, mais especificamente para o piano, instrumento que domina com facilidade.

Além de sua atuação como intérprete, é responsável por importantes cursos pianísticos e, durante anos, vem formando novas gerações de talentos que têm se apresentado em vários espetáculos, shows e recitais. Seu novo curso de piano em vídeo já é grande sucesso de crítica e público.

É justamente quando se apresenta sem nenhum acompanhamento que o pianista tem de demonstrar se realmente tem talento e aptidão para o instrumento que escolheu. Por isso, destaco a importância deste novo álbum para todos aqueles que desejarem desenvolver suas qualidades de solistas.

Reunindo alguns dos melhores autores dentro do cenário musical brasileiro, Wilson Curia preparou alguns arranjos que dão oportunidade aos pianistas de demonstrarem sua verdadeira vocação.

Não são arranjos muito complicados nem difíceis e, por isso mesmo, são acessíveis e indispensáveis a todos aqueles que não esperam encontrar muitas dificuldades em tocar música popular.

Mas não se esqueçam de que simplicidade não é sinônimo de facilidade. Nestas 14 músicas que formam um repertório de sucesso de várias épocas, vocês poderão contar com uma perfeita divisão rítmica, uma harmonia de muito bom gosto e algumas das mais belas linhas melódicas do nosso cancioneiro. A partir dessas "dicas" fornecidas por Wilson Curia, o pianista poderá desenvolver as partituras e criar seus próprios arranjos.

Por isso, Piano solos, *além de ser um álbum popular completo, não deixa de ser mais uma importante contribuição do autor na área didática pianística.*

Harmonia moderna e improvisação foi o terceiro livro de Wilson. Lançado em 1990 pela editora Fermata, teve a capa criada por sua filha, Thais, a quem ele dedicou a obra, juntamente com Jamey Aebersold, Erby Drury, Maria Helena Silveira, seu irmão, Carlinhos, e seus alunos. O prefácio foi escrito por César Camargo Mariano.

Para mim, que sou autodidata, no início da minha caminhada pelo sonhado e desejado mundo da música, observei que a teoria e a harmonia eram fundamentais e que em mim eram naturais e viscerais.

As músicas vinham prontas — melodia, harmonia, contrapontos, fugas etc. — em minha mente. E transportá-las para as mãos e encaminhá-las para o piano eram (e ainda são) tão naturais como respirar. Até o dia em que eu quis entender e passar a escrever todas estas coisas e, mais que tudo, orquestrá-las, organizá-las. Minhas referências eram a música clássica e o jazz. E, para tocar e/ou escrever música popular, senti que era e é importante transpor todos esses conhecimentos e informações para aquele caminho novo que se despontava para uma nova profissão. Percebi que necessitava "conhecer" essa danada da teoria e da harmonia, e passei a pesquisá-las, mesmo porque os meus horizontes como autodidata se estreitavam cada vez mais. Percebi, também, que, quanto mais me aprofundava nas pesquisas e nos estudos, maiores se tornavam as possibilidades, ao mesmo tempo que o fim deste aprendizado ficava mais distante, porque este é um mundo infinito!

Sempre tem um livro, um tratado, uma filosofia nova, um autor diferente, e sempre são infindáveis e irresolvíveis. Entendo que seja pela natural ansiedade de alargamento de formas, de sons, que todos nós músicos-artistas temos da minha carreira e de minha vida musical. Encontrei, então, uma pessoa que sempre tratou, com uma forma muito carinhosa e simples, porém com muita competência e doçura, toda essa problemática (que não tem problema algum) teoria musical. Ele é Wilson Curia. E este livro é isto: competente, carinhoso, cuidadoso, e possibilita demais aquele alargamento de formas e de sons pelo qual todos nós músicos e artistas ansiamos tanto

Ansiedades sempre teremos.

Incertezas, tendo por perto este livro e um amigo como Curia, jamais!

A introdução foi escrita pelo produtor musical, arranjador, instrumentista, regente e compositor Nelson Ayres.

A teoria musical aplicada à música popular ainda é uma selva em que muita gente se perde. Um acorde pode ser cifrado de dezenas de maneiras diferentes; muitas escalas de uso comum recebem um nome diferente em cada livro; mesmo a função de um determinado acorde dentro de uma progressão pode receber interpretações diferentes.

Na prática, deve-se fazer prevalecer o bom senso e evitar o exagero de teorizar. Afinal, quando a música tem de fluir, o que importa é o resultado sonoro, e não a sua análise.

Este livro é um primor de bom senso. A matéria nele contida poderia com facilidade ser expandida em três volumes de duzentas páginas. Felizmente, ele se limita a dar uma visão geral de todos os aspectos básicos que são sempre motivos de dúvida para todo iniciante e mesmo para muitos profissionais.

Uma má notícia: saber tudo o que está neste livro não significa conhecer harmonia. Isto aqui é apenas um ponto de partida bastante sólido para entrar na selva sem se perder.

Como continuar? Da mesma forma que todos os grandes músicos: com professores, colegas, outros livros; analisando harmonizações de seus intérpretes prediletos; ouvindo discos; lendo partituras; principalmente tocando, experimentando. E também rezando para que o Wilson Curia não pare por aqui e continue pondo no papel o muito que ele sabe.

E por falar nisso, alguém aí pode me informar o que é um acorde de sexta napolitana?

Seu quarto livro foi o *MPB, arranjos para teclado – v. 1*, lançado em 1992 pela editora Ricordi e dedicado a seu professor Paul Urbach. A capa também foi criada por Thais, e o prefácio foi escrito pela amiga, pianista e compositora Marian McPartland.

> *Durante vários anos, mantive correspondência e troquei ideias musicais com Wilson Curia. Foi um prazer especial conhecê-lo pessoalmente durante minha excursão pela América do Sul em 1974 e encontrá-lo como um músico e professor tão dedicado quanto eu havia imaginado! Este livro de suas transcrições, incluindo a belíssima "Gamboa", se presta a toda espécie de improvisação. Sem dúvida, será interessante e instrutivo a músicos em todo o mundo.*

MPB, arranjos para teclado – v. 2, também teve a capa criada por Thais e foi lançado em 1993 pela editora MPO. O prefácio foi escrito por Johnny Alf, que conheceu Wilson nos anos 1950 e foi considerado um dos pais da bossa nova.

> *Transmitir criatividade e legar espontaneidade através de seus arranjos musicais é a meta conseguida por Wilson Curia, numa mistura saudável de cores harmoniosas! É um trabalho que chegou para ficar!*
>
> *Meus parabéns, Wilson.*

A introdução do livro foi escrita por Mike Wofford, pianista de jazz que acompanhou ícones como Sarah Vaughan e Ella Fitzgerald.

A música característica e inigualável do Brasil é reconhecida e imitada em todo o mundo. Nesta nova coleção de arranjos habilidosos das obras de alguns dos compositores brasileiros mais avançados, o pianista e professor Wilson Curia destilou, como no v. 1 e em publicações anteriores, os elementos mais evocativos e fundamentais à música moderna brasileira.

Útil tanto para o pianista de nível iniciante e médio quanto para o estudante avançado ou profissional, a seleção de Wilson Curia de material representativo no v. 2 novamente oferece critérios claros e valiosos aos complicados aspectos harmônicos, melódicos e rítmicos da bossa nova e outras formas brasileiras contemporâneas.

Hoje, o Brasil continua a produzir uma música vibrante e contagiosa que é uma mistura rica de elementos de jazz e de seu próprio caráter e ritmos individuais. No campo educacional, não conheço ninguém mais qualificado para comentar a respeito desses aspectos na música brasileira que meu amigo Wilson Curia.

Sua compreensão cuidadosa da teoria e harmonia do jazz e sua facilidade natural com as nuances e sutilezas da herança musical de seu país combinam-se para dar-lhe um conhecimento incomum sobre este assunto.

Tenho uma predileção particular por uma das composições aqui incluídas, "Preciso aprender a ser só", de Marcos Valle. Há alguns anos, quando acompanhei Sarah Vaughan como seu pianista, ela cantou essa fascinante canção no Rio de Janeiro, durante todas as noites de nosso contrato de três semanas. Estou gostando de utilizar o material aqui contido, e o leitor encontrará em MPB, v. 2 uma soma valiosa e útil ao estudo dos sons maravilhosos do Brasil.

O sexto livro de Wilson foi o *Manual de improvisação*, lançado em 1994 pela editora MPO. O editor, educador e saxofonista de jazz Jamey Aebersold escreveu o prefácio.

Wilson Curia, mais uma vez, supriu o músico aspirante com uma riqueza de informação. Seu conhecimento de jazz provém de sua longa associação com a música através de gravações, apresentações ao vivo de músicos visitantes no Brasil e sua própria habilidade maravilhosa de tocar jazz. Wilson é um verdadeiro músico de jazz e educador com ideias inovadoras.

O teclado é o primeiro instrumento para o músico de jazz aspirante. Somos uma sociedade visual, e a habilidade de "olhar" para o teclado e "ver" escalas, acordes, aberturas, melodias e frases reais é muito importante para aprender o idioma do jazz.

Este livro capta a sensibilidade básica do que faz o piano de jazz soar como soa. Seus exemplos de aberturas para teclado são ricos e homenageiam a história do jazz, ao mesmo tempo permitindo ao estudante explorar outros caminhos

O livro principia com materiais básicos apresentados de maneira fácil para qualquer um entender e gradativamente se encaminha aos sons modernos, usando harmonia quartal e escalas pentatônicas. As aberturas e os exemplos são extremamente musicais e soam exatamente como os mestres do jazz tocam nas gravações.

> *Este livro é um excelente exemplo de teclado moderno de jazz e uma fantástica adição à biblioteca educacional de materiais de jazz.*

Wilson fez uma nota ao final do livro para mostrar o que para ele é improvisação.

> *Improvisar significa criar no momento da execução. Para mim significa, ainda, criar uma nova melodia sobre uma já existente ou apenas sobre uma progressão de acordes.*
>
> *É possível ensinar técnicas para improvisar, porém não a criatividade propriamente dita; este é um aspecto subjetivo. Justamente por isso, a improvisação se torna difícil de ser ensinada. Porém, a recompensa vale o esforço. Nada mais gratificante para um músico do que enfrentar o desafio constante de improvisar sobre diferentes composições. Isto é muito mais sério do que apenas ler e interpretar uma partitura.*
>
> *A improvisação nos proporciona momentos de incrível satisfação. Espero através deste manual ter alcançado meu objetivo, isto é, o de explicar da maneira mais simples e objetiva possível o caminho a ser trilhado para conseguir dominar o mais rápido possível a arte magnífica da improvisação.*

Em sua escola, um dos métodos que Wilson utilizava para ensinar seus alunos era o *Método de piano John Brimhall*, composto por cinco livros didáticos. Em 1985, Wilson fez a tradução do primeiro volume, que foi lançado no Brasil pela editora Fermata.

Como professor, Wilson sempre valorizou o uso de tecnologias para facilitar o ensino e estimular os alunos no aprendizado, e foi pensando nisso que, em 1997, ele lançou sua primeira videoaula. Com o título *Harmonia e improvisação — conceitos básicos*, o DVD continha aulas que ensinavam o aluno a elaborar arranjos e técnicas para improvisar em qualquer estilo. Mostrava também a construção de acordes básicos, a progressão de acordes II-V-I, os padrões rítmicos para a bossa nova e ainda trazia composições como "Luísa" e "Minha".

O lançamento desta videoaula foi pela MPO Vídeo e, juntamente com o DVD de Wilson, a produtora lançou mais seis videoaulas com artistas renomados, como: Celso Pixinga (contrabaixo), Nelson Ayres (teclados), Duda Neves (bateria), Faíska (guitarra), Antônio Carlos Carrasqueira (flauta) e Paulo Bellinati (violão).

O pacote de videoaulas foi organizado para o show "Ímpares Instrumental", com todos os músicos que desenvolveram o projeto e mais um convidado especial, Roberto Sion. O grupo formou uma banda e se apresentou no Sesc Pompeia, de 8 a 12 de maio de 1997. Depois da bem-sucedida temporada no Sesc, o show "Ímpares" ainda fez uma apresentação especial na Praça Ramos de Azevedo, no dia 25 de maio daquele mesmo ano.

Depois do lançamento da primeira videoaula, Wilson lançou mais quatro: *Harmonia e improvisação — conceitos avançados*, *Piano bossa nova — teclado*, *Piano de ouvido* e *Substituição de acordes e re-harmonização — teclado*.

Na videoaula *Harmonia e improvisação — conceitos avançados*, Wilson Curia continuou o trabalho iniciado em seu primeiro DVD, ilustrando as técnicas mais modernas e atuais, usadas na MPB e no jazz.

Ao falar sobre harmonização e re-harmonização, Wilson Curia explica de forma clara como transformar composições simples em arranjos extremamente sofisticados, a partir do uso de acordes de substituições, progressões II-V-I, tensões e outras técnicas. O vídeo ainda traz informações e exercícios que ensinam a improvisar num curto espaço de tempo. Dentre os vários aspectos abordados no vídeo, encontram-se: aberturas técnicas para improvisação; modos; fragmentos; harmonia quartal; escalas pentatônicas — aspectos históricos.

Em *Piano bossa nova — teclado*, Wilson Curia mostra o piano bossa nova e as técnicas necessárias para executar esse ritmo de forma autêntica. Para a aula, Wilson transcreveu solos de sete dos pianistas mais representativos do gênero, para que o estudante tivesse uma visão real de como um pianista profissional toca e grava bossa nova.

Substituição de acordes e re-harmonização — teclado foi a videoaula em que Wilson trouxe o significado do termo "re--harmonização", que nada mais é do que inserir ou substituir acordes de uma composição, tornando sua harmonia mais interessante. As técnicas incluídas no vídeo ensinam a transformar composições harmonicamente simples em arranjos mais ricos, modernos e sofisticados. Esses conceitos foram e são utilizados pelos maiores nomes de jazz e MPB.

Em *Piano de ouvido*, Wilson desvenda o segredo para tocar de ouvido e mostra que, com o conhecimento de apenas alguns acordes básicos, é possível tocar inúmeras composições. Por meio de um gráfico e da formação de alguns acordes, Wilson explica o círculo das quintas, progressões de acordes, encadeamentos, entre outros temas.

Em 2014, Wilson recebeu um e-mail do pianista Gilson Schachnik, dizendo que ouvia falar dele havia mais de trinta anos, desde quando tinha sido aluno na Berklee e que havia se tornado professor da instituição no departamento de Ear Training, Ensemble e Harmony. No e-mail, Gilson parabeniza Wilson pelos vídeos que tinha visto no YouTube sobre harmonia e improvisação, e elogia a apresentação e a organização do material, além, sobretudo, a clareza com que ele demonstrou os tópicos.

Todos os seus livros e videoaulas reúnem informações que servem de consulta para alunos e professores, facilitando o processo de ensino e aprendizagem. Eles estimulam a construção e a prática, fomentando reflexões sobre os temas apresentados, e são um ponto de apoio para auxiliar aluno ou professor num caminho, a fim de evitar que ocorram lacunas prejudiciais ao entendimento dos conteúdos.

Os livros e as videoaulas são um grande legado que Wilson deixou para quem quer ensinar ou aprender música.

> Eles reúnem informações que servem de consulta para os alunos e professores, facilitando o processo de ensino-aprendizagem e estimulando a prática dos conhecimentos.

Capa do livro Piano solos.

Capa do livro Harmonia moderna e improvisação.

Capa do livro Manual de improvisação.

Capa do livro Moderno método para piano bossa nova.

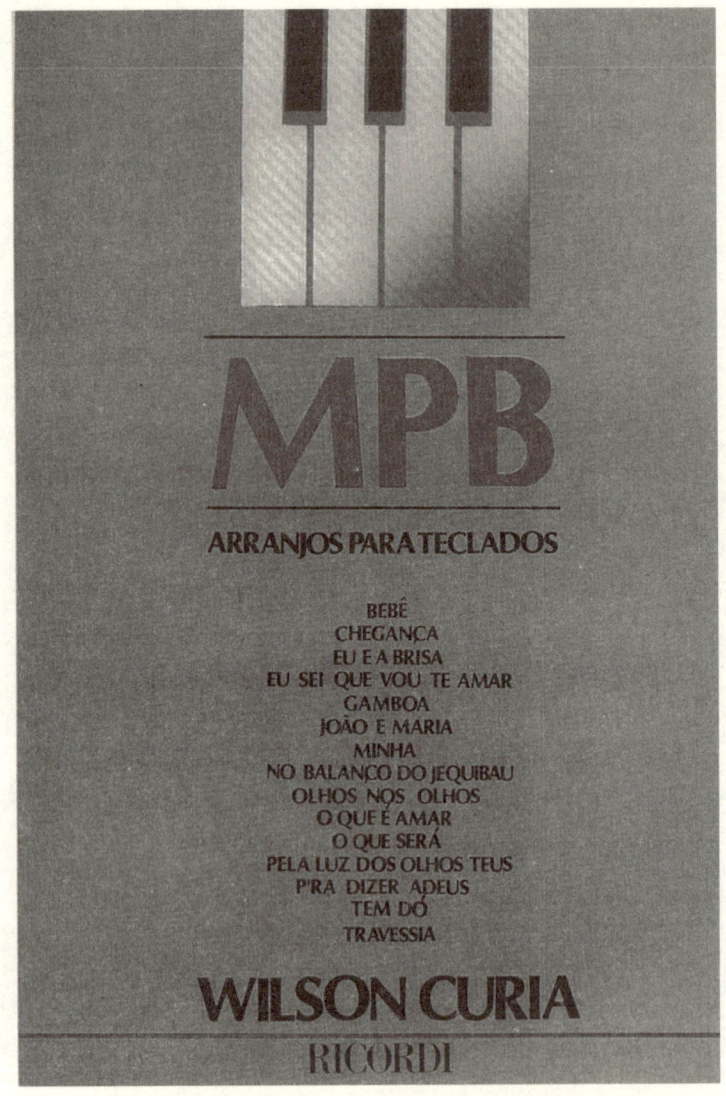

Capa do livro MPB, arranjos para teclado — v. I.

Capa do livro MPB, arranjos para teclado — v. II.

Capa do livro Método de Piano John Brimhall.

Capa de Harmonia e improvisação — conceitos básicos.

Capa de Harmonia e improvisação — conceitos avançados.

Capa de Piano bossa nova — teclado.

Capa de Piano de ouvido.

Capa de Substituição de acordes e re-harmonização — teclado.

Divulgação do show "Ímpares".

Composição de Wilson Curia: "Tempo de sonhar".

CAPÍTULO 6

Com a palavra, Wilson

O que fazer quando se acredita que a música se comunica diretamente com a alma, sendo uma fonte de conhecimento espiritual e um meio de expressão de verdades eternas? Com certeza, busca-se com todas as energias multiplicar essa dádiva atingindo o maior número de pessoas possível. Wilson fez isso ao compartilhar seus conhecimentos em sua escola, em seus livros e suas videoaulas, e também em entrevistas para jornais e revistas, assim como em programas de rádio e televisão dos quais participou. Além disso, foi consultor e escreveu inúmeros artigos. Tudo isso para partilhar o que para ele era o que mais se aproximava da fonte de toda a existência.

> *A fim de conhecer um pouco mais sobre o Wilson e saber seu ponto de vista sobre assuntos que ele dominava tão bem, achamos melhor dar a palavra ao mestre e, para isso, escolhemos algumas matérias entre as que ele havia guardado, nas quais ele fala sobre jazz, harmonia, improvisação, bossa nova, entre outros temas.*

> **Jornal Folha da Tarde** — editoria "A vida nossa de cada dia"
> **Título da matéria:** "O piano de jazz através dos gênios"
> **Jornalista:** Lenita Miranda de Figueiredo
> **Publicação:** 9 de dezembro de 1974

O piano de jazz através dos gênios

Wilson Curia, pianista e arranjador dos mais conceituados, após vinte anos de trabalho ensinando jazz-piano, vai abrir uma escola de música em São Paulo, nos moldes das mais modernas do mundo. Pretende, também, organizar um Seminário de Música, em julho de 1975, com a presença de grandes jazzistas norte-americanos, entre os quais Marian McPartland, sua amiga particular.

Vamos encontrá-lo em sua sala de trabalho, dedilhando seu piano, cercado de fotos autografadas de jazzistas que ali estiveram tocando com ele. Começamos a papear sobre piano e sobre sua história por volta de 1950 até a presente data, e Wilson não esconde seu entusiasmo.

Os grupos

A história do piano de jazz de 1950 até o presente momento tem sido uma intensa luta entre as forças do presente e as do passado para criar uma mistura de ambas e, assim, herdar o futuro. Essas forças são representadas por indivíduos que podem se classificar nos seguintes grupos: os tradicionalistas, os moderados e os *avant-garde*.

Os tradicionalistas

Oscar Peterson
Less McCann
Gene Harris
Eddie Costa (falecido)

Os moderados	Os *avant-garde*
Bill Evans	Don Friedman
Wynton Kelly (falecido)	Clare Fischer
Ahmad Jamal	Bob James
Horace Silver	Herbie Hancock
Bobby Timmons (falecido)	Andrew Hill
Red Garland	Cecil Taylor
McCoy Tyner	Chick Corea
	Keith Jarrett

Os tradicionalistas

Lenita Miranda de Figueiredo: Por que eles são também chamados *Funk*?

Wilson Curia: São chamados *Funk* ou *Escola Funk*, que se refere à presença de idiomas de blues e gospel no seu estilo. McCann e Gene Harris estão definitivamente inseridos dentro da escola *Funk*. Barry Harris é provavelmente o expoente máximo das tradições do estilo e idioma estabelecidos por Bud Powell. Eddie Costa foi um sucessor do *hard bop* estabelecido por Horace Silver, expressado através da técnica agressiva de *Mallets*, empregada por vibrafonista.

Lenita Miranda de Figueiredo: Como considera Oscar Peterson?

Wilson Curia: Peterson é a figura principal na luta atual para preservar o imenso repositório de estilos e idiomas desde meados dos anos 1930. Em 1949, num inesquecível concerto no Carnegie Hall, esse pianista canadense estabeleceu-se como a principal figura de consolidação dos anos 1950 e, simultaneamente, uma das figuras centrais do cenário contemporâneo. Isso, de certa forma, foi excelente porque, no curso dos anos tumultuados de 1940, muito havia sido negligenciado em detrimento do piano de jazz. Mais importante ainda, Peterson, quase sozinho, redimiu o piano de jazz do papel de instrumento de acompanhamento que havia assumido e o restabeleceu como voz importante na nobre tradição do jazz de Hines, Waller, Wilson e Tatum.

Lenita Miranda de Figueiredo: Quais foram os responsáveis por inovações no piano?

Wilson Curia: Muitas inovações introduzidas por figuras como Art Tatum, Nat King Cole, Jimmy Jones, Bud Powell, Erroll Garner, Nat Jaffe, Lennie Tristano, Thelonious Monk, Horace Silver, Cy Walter, George Shearing, Jess Stacy, Dodo Marmarosa, Tadd Dameron e Ellis Larkins, e por toda esta imensa amálgama de som, foram juntadas ao gênio pessoal de Peterson na formação de um dos mais insinuantes estilos de piano dos anos 1950 e 1960.

Lenita Miranda de Figueiredo: Pode Peterson "swingar" mais do que qualquer outro?

Wilson Curia: Sim, em virtude de sua grande técnica e imenso conhecimento, pode "swingar" (balançar) mais do que qualquer outro pianista do cenário contemporâneo. A despeito desse *background* aparentemente eclético, Peterson introduziu inovações importantes em áreas tão vitais quanto aquelas alteradas por Silver e Powell. Ele possui um senso de forma e dinâmica quase inexistente em muitos pianistas atuais. Além do mais, possui também a habilidade de comunicar suas intenções a uma plateia, com a segurança de um concertista de larga experiência.

Lenita Miranda de Figueiredo: Qual é a característica do estilo de Peterson?

Wilson Curia: Peterson tem a habilidade de executar frases adequadas a instrumentos de sopro que geralmente são inadequadas quando aplicadas ao piano. Essa habilidade o favoreceu com uma qualidade melódica em suas improvisações, em geral inexistentes nos pianistas de jazz. Traduzir essa habilidade em termos pianísticos práticos significa que Peterson pode ouvir, antecipadamente, qualquer sucessão de intervalos e simultaneamente traduzi-los em notas, algo que mesmo os pianistas mais capazes encontram dificuldade em fazer. Peterson é um pianista no exato sentido da palavra. E realmente esta é a característica de seu estilo.

Lenita Miranda de Figueiredo: O acompanhamento de baixo e guitarra alterou o estilo de Peterson?

Wilson Curia: Durante muitos anos, Peterson usou acompanhamento de baixo e guitarra. Esse suporte harmônico alterou seriamente o papel da mão esquerda, como estrutura de suporte para a improvisação da mão direita. A base do som de Peterson apoia-se em sua mão direita maravilhosamente desenvolvida, suportada por uma versão modernizada do sistema harmônico de Art Tatum. Esse som apareceu primeiramente no trio de King Cole dos anos 1940, mas se concretizou como um estilo pianístico de alto valor, por Peterson, no início dos anos 1950 e foi uma reação contra o estilo árido de Powell e Silver.

Os moderados

Lenita Miranda de Figueiredo: Quando surgiu o novo som?

Wilson Curia: As primeiras indicações de um abandono geral tanto das décimas quanto das sétimas da mão esquerda apareceram nos meados de 1950. Inicialmente ouvido nas gravações de Red Garland e Wynton Kelly e depois em versões popularizadas por Ahmad Jamal, o novo "som" surgiu aos poucos, na forma de estruturas de mão esquerda ou estruturas ornamentais, empregando vários componentes de nonas, décimas primeiras e décimas terceiras. Contudo, esse estilo permaneceu em um estado de apatia até a década seguinte e o aparecimento de Bill Evans. Da mesma forma que Peterson havia captado o melhor dos anos 1940, Evans imediatamente se estabeleceu como um consolidador sensível das explorações harmônicas dos anos 1950 e moldou esse estilo através de seu gênio pessoal.

Lenita Miranda de Figueiredo: No trabalho de Evans, os valores foram mais modificados?

Wilson Curia: De início, o princípio anterior de uma improvisação sem pedal, dura e percussiva, foi abandonado em favor de um ataque *legato* e pedalado, em que as colcheias foram substituídas por semicolcheias e fusas, entremeadas por acordes altamente sincopados. No trabalho de Evans com baixo e bateria (principalmente Paul Motian e o falecido Scott Lafaro), os valores de tempo foram ainda mais modificados, a ponto de a pulsação subjacente de semínima ser perceptível apenas aos ouvintes mais perspicazes. Da mesma forma que na pintura contemporânea, Evans fez muito para destruir a imagem fotográfica e criar um mundo delicado do abstrato e do irreal.

Lenita Miranda de Figueiredo: O idioma harmônico do Impressionismo francês influiu no estilo dos jazzistas modernos?

Wilson Curia: No período anterior, haviam sido feitas algumas explorações sérias dos idiomas harmônicos do Impressionismo francês, mas, sob a influência direta de Miles Davis e do arranjador Gil Evans, o pianista Bill Evans extraiu um idioma inteiramente novo dos compositores espanhóis do início do século XX, tais como Albeniz, De Falla e Granados assim como dos impressionistas franceses.

Lenita Miranda de Figueiredo: O que se entende por estruturas?

Wilson Curia: A essência do estilo que estamos analisando até certo ponto pode ser descrita como o uso de estruturas capazes de conduzir valores de acordes com grande definição, embora na maioria dos casos os tons da estrutura tenham sido totalmente rearranjados, e a tônica, completamente afastada do som total. O termo "estrutura" costuma ser aplicado a um acorde no qual um ou mais de seus componentes básicos (tônica, terceira, quinta, sétima) tenha sido transportado a um registro totalmente diferente do teclado ou transferido a outro instrumento — comumente o contrabaixo.

Lenita Miranda de Figueiredo: Onde se encontra o fator melódico no jazz?

Wilson Curia: O fator melódico no jazz é comumente encontrado na improvisação. Nessa área, Evans introduziu inovações espetaculares. Além da mencionada introdução do *touché legato* e pedalado, o velho conceito horizontal foi até certo ponto abandonado em favor de improvisações verticais, movendo-se em frases longas, sem quaisquer conexões horizontais em particular. Mais ainda, concepções anteriores, como as evidenciadas por Peterson, foram em grande parte abandonadas.

Os *avant-garde*

Lenita Miranda de Figueiredo: O que essas inovações significarão para o futuro do piano de jazz?

Wilson Curia: Isso é difícil de avaliar no momento. Em primeiro lugar, poderia dizer-se que uma pequena parte do estabelecimento do piano de jazz tem se negado a aceitar essas inovações, as quais representam uma ameaça a conceitos já estabelecidos. Muitos pianistas permaneceram dentro do estilo *funk*; outros permaneceram fiéis ao idioma de Powell, que data do início dos anos 1940. As inovações de Evans e o *avant-garde* causaram sérios problemas tanto à essência quanto ao futuro do jazz.

Lenita Miranda de Figueiredo: O jazz está perdendo audiência?

Wilson Curia: Aparentemente, sim. Clubes de jazz estão fechando ou mudando sua política em direção aos músicos pop. Talvez esteja o jazz começando a se esconder como em 1940, para em seguida iniciar uma nova e dolorosa transição.

Lenita Miranda de Figueiredo: Onde está o conflito?

Wilson Curia: O conflito não está entre dois níveis de tonalidade ou duas imagens do ritmo de jazz. O conflito está entre tonalidade e atonalidade de um lado, e assimetria clássica do ritmo de jazz e a forma livre da música séria contemporânea do outro. É muito provável que o futuro do jazz seja decidido neste armagedom musical.

```
TV Cultura
Programa Ponto de Encontro
Transmissão em: 7 de dezembro de 1979
```

Maestro Walter Lourenção: Wilson, onde nasceu o jazz?

Wilson Curia: O jazz não nasceu num lugar só, ele nasceu em vários, de várias maneiras. O ritmo, por exemplo, veio da África Ocidental, da Nigéria, de onde os escravos eram trazidos para os EUA. Traziam os ritmos dos tambores da África para Nova Orleans. Lá eles ficavam numa espécie de praça, tocando os tambores. Além disso, que seria a parte rítmica do jazz, Nova Orleans foi uma cidade francesa de início, em seguida ela foi espanhola. Então os músicos, os negros, ouviam os ritmos trazidos da África pelos escravos e sofriam influência francesa das quadrilhas francesas e da música espanhola.

Maestro Walter Lourenção: Da harmonia europeia.

Wilson Curia: Exatamente. A gente pode dizer que o ritmo é africano e a harmonia é tomada, emprestada da Europa.

Maestro Walter Lourenção: E pode-se dizer que o jazz é típica música popular norte-americana?

Wilson Curia: O jazz é a única forma de música realmente norte-americana.

Maestro Walter Lourenção: Equivalente a quê, no Brasil?

Wilson Curia: Equivalente ao samba. A raiz é a mesma, africana. Parte dos escravos foi para a América do Norte e parte veio para América do Sul. A fonte é uma só: a África, ritmicamente falando. Parte foi para América do Norte, e lá se desenvolveu o jazz, enquanto na América do Sul se desenvolveu o samba.

Maestro Walter Lourenção: Qual é a característica básica do jazz?

Wilson Curia: A característica básica do jazz é a improvisação. Essa é a característica fundamental do jazz.

Maestro Walter Lourenção: O que é improvisação?

Wilson Curia: Improvisar é criar no momento na execução. Então o executante, o músico, é, ao mesmo tempo, executante e compositor, faz as duas coisas ao mesmo tempo. Cria instantaneamente no momento em que eles estão executando. Nunca duas improvisações são realmente iguais.

Maestro Walter Lourenção: Diga uma coisa. Você está desempenhando o papel do compositor. Então por que no jazz não se escreve a música antes e se executa depois, com a partitura?

Wilson Curia: Porque aí se tornaria um arranjo escrito e deixaria de ser jazz. No momento em que se escreve, perde-se exatamente a característica da improvisação. Então, se você escrever uma improvisação de um músico, mesmo que esteja escrevendo uma improvisação, ela deixa de ser jazz quando é passada para o papel, tornando-se um arranjo escrito.

Maestro Walter Lourenção: Quer dizer que o jazz tem um caráter de ser assim, um estado de espírito que pode ser criado ou não durante a execução. Dessa maneira, você, como jazzista, está constantemente se arriscando?

Wilson Curia: Sempre é um risco. Nunca se sabe o que vai acontecer. Depende do lugar, dos músicos com quem você toca. Se são bons, você toca mais; se não são como você espera, você toca menos.

Maestro Walter Lourenção: É uma inspiração que vem só do indivíduo. Mas depende muito do desafio que o colega está trazendo. Numa série de aspectos, não só do músico em si. Agora me diga uma coisa. O que é que caracteriza especialmente a música pianística do jazz? Porque nós estamos aqui com um quarteto. O piano, especialmente no jazz: como se caracteriza o tratamento que o pianista dá ao gênero?

Wilson Curia: Os estilos dos pianistas se caracterizam pela mão esquerda. Pela forma como eles distribuem as notas da mão esquerda.

Maestro Walter Lourenção: Desculpe interromper. Agora há pouco estava conversando com os colegas de estúdio, e um particularmente faz o jazz em casa e tal. Ele estava dizendo que o jazz é uma beleza. "Veja só a mão direita do Wilson Curia, como ele está bordando. Que beleza de enfeites, de ornamentos, olha a melodia." Eu disse que tenho a impressão de que Wilson pensa exatamente o contrário: que a alma do jazzista, o estilo, é a mão esquerda. Em que sentido isso?

Wilson Curia: Exatamente isso, a forma que o músico distribui. Porque é realmente a mão direita; em geral todos os pianistas de jazz usam praticamente os mesmos artifícios. Cada um tem características próprias. Se ouve um disco, você as identifica, porque há certos desenhos, certos clichês criados pelo pianista. Na mão direita, são usadas as mesmas coisas, as mesmas escalas, os mesmos arpejos, os mesmos modos. Já a mão esquerda do pianista é o que realmente o caracteriza.

Erroll Garner era um pianista que se caracterizava por bater os quatro dedos do compasso. Já Bill Evans não marca os tempos do compasso. É mais liso. É um pianista um pouco mais complicado, mais complexo do que Erroll Garner.

Maestro Walter Lourenção: O ritmo da mão esquerda, a harmonia da mão esquerda, o contracanto com a direita, os segredos estão todos na mão esquerda mesmo?

Wilson Curia: Para caracterizar um pianista, seria a mão esquerda, a forma de distribuir os acordes — cada um tem uma forma, quer dizer, cada período do jazz. Vamos colocar o período moderno: foi em 1940, quando exatamente aconteceu o movimento chamado *bebop*, nos EUA.

Maestro Walter Lourenção: O que é o *bebop*?

Wilson Curia: *Bebop* foi uma revolução rítmica. Não digo uma agressão, mas uma forma de quebrar os padrões antigos que vigoravam até então, que seria o *Swing*. De 1930 a 1940, vigorou o estilo *swing*, que era uma forma de tocar chamada *swing bass*. O pianista toca baixo com acorde.

Maestro Walter Lourenção: Seria um baixo balanço?

Wilson Curia: Usavam-se muitas décimas na mão esquerda de passagem. O pianista precisava ter mãos grandes. A maioria dos pianistas americanos tem as mãos muito grandes. Então, na década de 1940, houve uma revolução conhecida como *bebop*. Começaram a criar uma nova forma de tocar.

Maestro Walter Lourenção: Quer dizer então que o jazz está em constante renovação?

Wilson Curia: Sim, mesmo porque a música não é estática, ela é dinâmica.

Maestro Walter Lourenção: Na medida em que o jazz é tipicamente música norte-americana...

Wilson Curia: Hoje em dia, já podemos dizer que o jazz é uma música internacional, é tocada no mundo inteiro, inclusive na Rússia.

Maestro Walter Lourenção: Mas, como origem, seria nos EUA. Em que medida ela tem influído no desenvolvimento da música popular brasileira, no modo de ser da nossa música popular?

Wilson Curia: O movimento da bossa nova foi calcado em cima do jazz. Pode-se observar o seguinte: os músicos brasileiros, na realidade, criaram esse movimento e começaram a compor. Todos foram praticamente de jazz, e outros ouviram muito esse gênero e o cultivaram. Ele influenciou, rítmica, harmônica e melodicamente a música brasileira.

Maestro Walter Lourenção: E também como estado de espírito que leva à improvisação.

Wilson Curia: Exatamente. Mesmo porque a música brasileira que vigorava até então era o samba, o sambão. Dali para frente, houve um movimento da bossa nova, em que os músicos começaram a tocar esse gênero e nele aplicar a principal característica do jazz, que é a improvisação. Alguns deles permanecem e alguns se dissolveram, e começaram a tocar exatamente a bossa nova com as características totais do jazz, a improvisação, a melodia, a harmonia mais arrojada, com mais dissonâncias. Tudo isso foi influenciado realmente pelo jazz.

Maestro Walter Lourenção: Quer dizer que esse casamento entre jazz e música popular brasileira, que também está se tornando universal de certa forma, vem em benefício de ambos os gêneros?

Wilson Curia: Você é um homem de televisão e sabe disso. Além de ser um maestro e um músico, sabe muito bem que os programas de televisão, os policiais, os filmes... Você pode notar que, no fundo, a maioria deles toca a bossa nova. A diferença é que os músicos norte-americanos começaram a compor no estilo da bossa nova, porque todos têm uma capacidade extraordinária para fazer qualquer tipo de música. Captaram o ritmo brasileiro de uma forma muito mais sofisticada, mais sutil, e começaram a compor. Hoje, tocam a bossa nova de forma sofisticada, da maneira que eles sentem e gostam.

Maestro Walter Lourenção: De qualquer maneira é a influência da música brasileira.

Wilson Curia: Certo. O ritmo permanece sendo brasileiro.

Maestro Walter Lourenção: Muito obrigado.

Durante o programa, Wilson Curia tocou juntamente com Hector Costita (sax), Matias Matos (baixo) e Sérgio Saia (bateria).

> TV GloboNews
> Programa Almanaque, com a entrevistadora Bete Pacheco
> Transmissão em: 30 de junho de 2000

Bete Pacheco: Professor, uma das principais características do jazz é o improviso. Como é que se ensina a liberdade?

Wilson Curia: A improvisação pode ser ensinada. As técnicas podem ser ensinadas; a criatividade, não. Esta é um negócio subjetivo, está dentro de todo ser humano. Você ensina as técnicas para que o aluno consiga, através delas, se expressar no piano; no caso, é o que eu ensino. As técnicas podem ser ensinadas.

Bete Pacheco: E, por exemplo, como seria uma técnica do improviso, como se ensina o improviso?

Wilson Curia: O improviso tem várias técnicas. Você ensina as escalas correspondentes aos acordes de determinadas músicas. Elas têm progressões e sequências de acordes. Você pode ensinar as escalas que funcionam, que melhor penetram o som desses acordes, pode ensinar as melhores notas. Fora isso, você ensina padrões, ensina *lick*, que são frases curtas, prontas, já executadas por músicos de jazz e transcritas de gravações e colocadas em livros. A gente estuda as frases desses músicos. Isso não quer dizer que depois, usando essas frases, você não esteja improvisando. Está improvisando, se souber onde colocar uma frase dessa e o que mais além disso você pode colocar ou extrair. Se tocar a frase como está, aí sim é uma frase que já foi feita. Dificilmente os músicos deixam de tocar frases já feitas. É impossível ser criativo durante todo o tempo.

Bete Pacheco: Então são notas que se combinam com determinados acordes?

Wilson Curia: Exatamente.

Bete Pacheco: E, à medida que existem notas propícias a determinados acordes, existem aquelas que devem ser evitadas?

Wilson Curia: Exatamente. Existem notas a serem evitadas.

Bete Pacheco: Por exemplo, professor, como é que a gente percebe que uma improvisação não caiu muito bem?

Wilson Curia: Os livros dizem notas a evitar. Prefiro dizer notas a serem executadas com maior cuidado, mas não a evitar, porque não existem notas a evitar. Você pode tocar qualquer nota, desde que saiba como resolvê-la. Suponhamos que você faça um acorde sol com sétima. Ela é uma nota a ser evitada, se a pessoa não souber usar. Há um choque, mas, se for um músico, pode passar rápido, sem enfatizar a nota, aí não tem problema. [Wilson toca o piano] Não foi evitada a nota, eu toquei. [Toca de novo, devagar] Mas, se eu fizer assim, fica horrível. Agora, vou fazer passando por ela e sem choque. [Toca mais uma vez, agora com agilidade e suavidade] Toquei, e toquei rápido. Então são notas a serem tratadas com maior cuidado, mas não a evitar. Na realidade, não se evita nenhuma nota, você pode usar a escala cromática, todas as notas do piano. Todas elas podem ser usadas contra qualquer acorde, desde que se saiba como manipular, como resolver, então pode usar.

Bete Pacheco: Então por que o improviso é a alma do jazz? De onde vem isso?

Wilson Curia: A coisa mais gratificante que existe na música popular é exatamente a improvisação, o retorno do que se faz. Quando você improvisa, está pondo seu "ego" interior para fora. Ele é seu espelho. Se você levantar mal naquele dia, voando baixo, e vai tocar, provavelmente seu improviso vai caracterizar aquilo, vai deixar transparecer. Já se você levantar feliz da vida e tocar, teu improviso é diferente, ele é exatamente teu espelho. Consigo ver isso quando o aluno entra de manhã na aula, senta ao piano e começa a tocar. Pela maneira como ataca o piano, já percebo se está bem ou não. É possível notar isso depois de um tempo em que você adquire uma certa maturidade. É realmente a alma do jazz, o improviso. A improvisação é a característica principal do jazz. Se não houver improvisação, não se está fazendo jazz. Uma aluna minha fez um improviso há dez dias na aula dela. Na aula seguinte, trouxe um improviso escrito e tocou pra mim, tocou o mesmo improviso e me disse: "Este é o meu improviso". Eu disse: "Não, essa é sua variação melódica, você fez uma variação melódica". Ela repetiu: "Mas isto é meu". E eu disse: "Sim, é seu, você improvisou na primeira vez. No momento em que passou para o papel e começou a tocar seu improviso, mas escrito, você deixou de improvisar". Improvisar é criar no momento da sua execução. Quer dizer, você senta ao piano e nunca sabe o que vai acontecer, você poderá fazer coisas maravilhosas e ter um retorno incrível, é uma sensação que só quem faz isso pode sentir. O leigo não consegue perceber. Assim, se o retorno for muito bom, é fantástico. Mas você poderá fazer alguma coisa ruim naquele dia, que não transmite. Você não se comunicou com a plateia, então foi mal. É sempre um desafio, você sentou aqui, não sabe o que vai acontecer, só no final.

Bete Pacheco: Professor, num grupo de músicos de jazz, em que todos, evidentemente, improvisam, como é que se entendem?

Wilson Curia: Desde que sejam músicos profissionais e que tenham conhecimento de música, existe uma coisa que liga todos eles. Chama-se progressão de acordes. É a harmonia da música, são todos aqueles acordes de apoio da música, é a harmonia, o que se ouve por baixo da melodia. A melodia está em cima, e, por baixo, tem uma espécie de cama harmônica. Se os músicos todos souberem qual é a harmonia daquela música, não tem problema nenhum, todo mundo vai tocar. Cada um improvisa de uma vez, cada um na sua vez, e os outros acompanham, todos conhecem a harmonia da música, isso é o que liga todos eles.

Bete Pacheco: Na sua opinião, quais características os músicos brasileiros que tocam jazz têm de especial, que diferem dos músicos norte-americanos?

Wilson Curia: Na realidade, o músico brasileiro aprendeu jazz ouvindo esse gênero musical. Praticamente todos os músicos do movimento da bossa nova ouviram, cultivaram ou tocaram jazz. Dizem, até, que a bossa nova é o jazz brasileiro, porque tem as mesmas características; tem a improvisação, característica do jazz. As harmonias da bossa nova são supermodernas como as das músicas de norte-americanos, ao passo que, na época do samba de Ary Barroso, por exemplo, esse gênero era mais quadrado. A bossa nova veio a ser a música brasileira moderna. E de onde vieram as características? Vieram extraídas do jazz. Lógico que, depois de um tempo, ela começou também a influenciar o jazz. Tanto é que os músicos começaram a vir para o Brasil para ouvir a música *in loco*, como Charlie Byrd, o guitarrista. Então eles captaram todo o *feeling* da bossa nova, levaram para os EUA e continuam tocando. Isso é muito importante; a bossa nova, no Brasil, praticamente a gente quase não ouve mais. Inclusive me perguntaram há pouco qual é a música típica do Brasil.

Realmente, não sei. Porém, em compensação, os americanos continuam até hoje ouvindo esse ritmo brasileiro. Se você vai ao cinema, ouve o fundo musical; às vezes, num filme policial, alguma coisa; você vê um barzinho, você ouve nosso ritmo. Como eles são grandes músicos, nós aprendemos com eles; pelo menos, eu aprendi com eles. Eles compõem agora as próprias bossas novas deles, não usam praticamente nada, a não ser Jobim, que está sempre no topo. Eles compõem as próprias músicas e continuam fazendo bossa nova. Aqui, ela já foi colocada de lado, daqui a dez anos talvez volte. Já mudou pra Tropicália, uma série de outras coisas, e hoje não sei o estado da música brasileira.

Bete Pacheco: Da bossa nova, professor, qual sua música preferida?

Wilson Curia: Gosto de Jobim, de Chico, de Ivan Lins — adoro Ivan Lins —, Milton Nascimento. De Jobim, por exemplo, gosto de "Por causa de você", uma música que acho linda. Não sei se eu posso enquadrar dentro da bossa nova, porque é uma balada, mas é de Jobim.

Bete Pacheco: Por que ela é considerada uma das músicas mais primorosas do Brasil?

Wilson Curia: Primeiro porque é Jobim, tudo o que ele fez foi muito lindo. Conheço pelo menos cinquenta músicas dele que ficaram dentro da gaveta; ele compôs e guardou, não quis nem colocar para ser editada. Ele foi incrível. Foi para o Brasil o que George Gershwin foi para os EUA; Jobim foi para o mundo, não somente para o Brasil, e era conhecido no mundo todo, não somente no Brasil.

Bete Pacheco: Você compõe também?

Wilson Curia: Consigo compor, fiz dez músicas há pouco tempo. Fiz porque me pediram. Em três dias, fiz dez músicas. Mas não sou compositor; consigo compor porque conheço a harmonia, como músico. Pra ser compositor, tem que vir do coração, e, se a pessoa não tem alma de criador, pode até compor, mas nunca será como uma coisa que vem naturalmente de dentro para fora. Ela, às vezes, nem necessita conhecer música e faz uma grande composição. Consigo compor baseado em conhecimento, mas não sou compositor.

Bete Pacheco: O senhor pode mostrar pra gente alguma dessas composições?

Wilson Curia: Eu fiz mais como uma brincadeira, não é para levar a sério, realmente não sou compositor.

Bete Pacheco: Maravilhoso. Recentemente o senhor foi homenageado por uma instituição norte-americana como pioneiro. Como é que foi, foi um prêmio?

Wilson Curia: Foi uma placa que eles me outorgaram, sou membro ativo dessa sociedade, então eles me conferiram uma placa de Relevantes Serviços para o Jazz. Recebi dos EUA. Essa placa é rara de ser dada, tem pouquíssimas.

Bete Pacheco: Apesar de algumas pessoas acharem erroneamente que é uma música erudita, ele é de base popular. Na sua opinião, como é possível popularizar mais o jazz no Brasil?

Wilson Curia: No Brasil, nos anos 1950, 1960, teve a época da *jam session*. Os músicos se reuniam e falavam: "Vamos tocar isso". E todo mundo tocava, sem ensaio, sem nada. *Jam* significa *jazz art midnight*. Esse nome é porque os músicos tocavam até duas, três horas da manhã. O jazz estava começando a evoluir, então eles trabalhavam e depois iam tocar o que gostavam. *Jam session* é o nome que se dá à reunião de músicos que não se conhecem e tocam naquele momento: "Vamos tocar?"; "Vamos". E aí colocavam para fora tudo aquilo.

Bete Pacheco: No Brasil já não acontece mais, é difícil.

Wilson Curia: Agora não tem mais, mas tivemos aqui uns dez anos de um jazz bem solto, muita *jam session*. Agora está difícil até mesmo para a música brasileira: para tocar na noite, está muito difícil.

Bete Pacheco: Professor, muito obrigada por esta entrevista, por esta aula também, e parabéns pelo trabalho.

Wilson Curia: Agradeço muito a oportunidade, a possibilidade de estar presente aqui, de tocar e estar junto com vocês.

CAPÍTULO 7

Ao mestre, com carinho

A palavra "mestre" é um substantivo masculino que possui algumas definições — entre elas, "um indivíduo que ensina". Também significa "pessoa dotada de excepcional saber, competência, talento em qualquer arte" ou ainda "aquele que obteve o grau de mestre". Para os alunos de Wilson, essa palavra traz um sentido que vai além do que está escrito nos dicionários; ela representa a admiração, o respeito e o carinho que eles tiveram e ainda têm pelo professor de piano.

> Para mim, o papel do Wilson na vida dos alunos foi sempre o de transmitir seus conhecimentos de forma didática e clara. Sempre os encorajou, conversando e indicando o melhor caminho para o sucesso. Tinha prazer em ensinar, em poder acrescentar conhecimentos aos seus aprendizes e criar debates construtivos. A troca era mútua. Sua importância, além de ensinar, era esclarecer as dúvidas e orientar o estudante pelo caminho do conhecimento.
>
> Ensinava com amor sem ser paternalista, e a transmissão dos conhecimentos representava toda a sua dedicação e um acompanhamento que podia identificar as dificuldades de quem estava aprendendo. Empatia, esforço, preparo, conhecimento e pesquisa eram suas marcas de professor que se desdobrava para passar seus conhecimentos. Os estudantes partilhavam com Wilson o dia a dia durante as aulas, por

isso, além de ensinar, ele se tornou amigo pessoal de vários, também aprendendo muito com cada um deles.

O reconhecimento e a gratidão dos pupilos foram demonstrados durante todos os anos que Wilson lecionou, e algumas pequenas lembranças o acompanharam durante sua jornada como professor.

> Ele ganhou um conjunto de caneta e lapiseira Sheaffer dos estudantes do Colégio I. L. Peres, quando fez uma palestra para eles, em 1969. Da aluna Iara Barone Adans, recebeu uma pulseira de fibra e rabo de elefante, utilizada por guerreiros como forma de amuleto para dar sorte e proteção, além de associação às características do animal, como força, longevidade e inteligência. Wilson a colocou nas cordas do piano aqui de casa. Moyses Werebe trouxe de Israel uma folha de oliveira e um folheto com a Oração dos Agonizantes, e Wilson guardava dentro da Bíblia que lia um pouco toda noite e que ficava em cima da cabeceira da cama. Mais uma curiosidade e coincidência da nossa vida é que, antes de Moyses estudar com Wilson, ele era amigo de meu pai, já que ambos frequentavam o Rotary Club.
>
> Outro presente que sensibilizou o mestre foi a música 'Curia', composta pelo aluno Tiago Mineiro e dedicada ao professor. Finalmente, sua assistente, Enilce Oetterer, trouxe para ele um quadro feito da pedra de uma das mais antigas ruas de Nova Orleans, com 269 anos, feita pelo artista alemão Knut 'Ken' Engelhardt.

O reconhecimento pela dedicação de Wilson como professor, seu talento como pianista e sua paixão pelo jazz e pela bossa nova foram eternizados em diversas cartas que ele recebeu durante a vida. A seguir, algumas delas.

Carta de Gita K. Ghinzberg
(diretora do Colégio I. L. Peretz)

São Paulo, 27 de agosto de 1969.

Prof. Wilson Curia,

    Vimos, pela presente, agradecer a V. Sa. a palestra proferida aos alunos do Ginásio I. L. Peretz. O tema desenvolvido, jazz, veio enriquecê-los grandemente, e sua cooperação foi magnífica, no sentido de formarmos ouvintes conscientes, objetivo da área de Educação Musical.
    Esperando contar com sua colaboração em outras ocasiões.

Atenciosamente,

Gita K. Ghinzberg

Carta de Sérgio de Andrade (Arapuã), pai de um dos alunos de Wilson, Sérgio de Andrade Filho, o Arapinha

Dezembro, 1975.

Wilson, querido.

"Puxa, não consigo acompanhar com os olhos as mãos dele!"
"Não sabia que era assim... a gente vai ouvindo, ouvindo, e de repente a gente tá querendo balançar junto, sentindo um troço dentro..."
Eu me lembro, entre outros, desses comentários, entre um número e outro, ou no fim da sua apresentação de ontem.
Rapaz, quem tem duas mãos como as suas não tem o direito de se sentir tímido. Tímido deve se sentir o mundo diante dessa paixão, desse "fazer", dessa beleza. O mundo seria melhor se adolescentes como o Arapinha pudessem conviver mais com adultos como você. Porque são poucos os adultos que não estragam o "ser" deles. São raros. E você é um desses adultos raros, capaz de ouvir e entender as estrelas que os jovens trazem nas mãos e no peito.
Por tudo de bom que vai ficar em meu filho, por ter convivido e aprendido com você, por tudo de emocionante que seu trabalho ontem me deu, meu muito obrigado.
Você é grande.

Arapuã

Carta de Roberto Sion (saxofonista, clarinetista, arranjador, compositor, maestro e professor)

Setembro de 1992.

Wilson Curia foi pioneiro em traduzir para nós, já nos anos 1960, toda teoria do arranjo e da improvisação que os americanos recém criavam. Ele uniu e desenvolveu estes conhecimentos, em favor da nossa música popular.

Meu pai, pianista amador, subia de Santos para estudar com ele. Bisbilhotando anotações, fiz minhas primeiras incursões na escrita para sopros. E como tudo soava bem!

Roberto Sion

As manifestações de carinho de alunos, amigos e músicos do Brasil e do exterior também foram feitas nas redes sociais, depois da morte de Wilson. A seguir, algumas publicadas na página dele no Facebook e no Instagram.

Alais Dias, professora de música e assistente de Wilson (São Paulo/SP)

"Meu professor de piano que me acolheu de braços abertos em sua escola."

Aldo Scaglione, guitarrista, educador e arranjador (São Paulo/SP)

"Muito jovem, escutava meu saudoso pai, Horácio Scaglione, falando sobre Wilson. Este era dotado de uma generosidade ímpar, que me proporcionou uma das melhores experiências que tive em minha carreira: tocar ao seu lado! Graças a essa amizade, adquiri conhecimentos musicais importantes, assim como preciosas lições de vida, que guardo com carinho, utilizo e retransmito aos meus alunos. Gratidão eterna ao meu amigo e mestre Wilson Curia."

André Oliveira, produtor e curador musical do estúdio Oca (São Paulo/SP)

"Mais que um excelente professor, Wilson foi um verdadeiro amigo, que, com sua enorme generosidade e carisma, me inspirou a adentrar nesse universo da música. As lembranças de suas aulas e amizade reverberam até hoje em mim. Eterna gratidão."

Andrea Mello Sá, professora de inglês
(Rio de Janeiro/RJ)

"Um grande pianista que se dedicou a ensinar essa arte a outras pessoas."

Arthur Kaufman, psiquiatra (São Paulo/SP)

"Já havia estudado piano anos a fio. Desde criança, por decisão da minha mãe. Música clássica, claro. Parei após alguns anos. Voltei, já quando estudava medicina. Por vontade. Um belo dia (ou bela noite, não lembro), veio-me à cabeça a pergunta: por que não estudar piano popular? Wilson Curia me entrevistou, e fui aceito como aluno. Começamos em 8 de julho de 2005. Pela didática e pela criatividade de Wilson, só pude lamentar não o ter conhecido muitos anos antes. A hora de aula às sextas de manhã passava rapidamente, a gente estudava, tocava e se divertia muito. Não tenho mais professor. Desde 15 de dezembro de 2015, toco por conta própria, quase todos os dias. Percebo, neste momento, o proveito de dez anos de aulas e de amizade. E também sinto o quanto Wilson Curia está vivo dentro da minha mente e presente na minha vida."

Bernardo Sahm, empresário
(São Paulo/SP)

"Wilson Curia, meu mestre, meu amigo. Figura marcante pela simplicidade e pela modéstia! Durante os anos que passamos juntos, nunca vi uma cara triste ou uma palavra mais grosseira. A música era sua vitamina diária. Guardo com carinho as pastas de partituras e até hoje não deixo de tocar as músicas com seus arranjos! Graaaaande figura! Saudades."

Carlos Blauth, advogado e pianista (São Paulo/SP)

"Conheci o professor e amigo Wilson Curia, eu na juventude, e ele nos anos maduros. A relação professor/aluno deu lugar a uma grande e duradoura amizade, com enorme admiração pelo missionário da música que ele jamais escondeu ser. Nossas aulas, semanais, eram encontros deliciosos, regados a muita conversa, e outro tanto de som, em que eu buscava absorver, o tanto quanto podia, do muito, da enormidade que Wilson generosamente oferecia a mim e a todos os seus discípulos. D. Lucy aparecia para abrilhantar, ainda mais, aquele templo de cultura, arte e amizade! E cuidar, cuidar, cuidar do mestre, tarefa da qual se incumbiu sempre, com grande zelo e flagrante amor, cujo testemunho não me furto a dar. Wilson, como todos nós, cumpriu sua missão física e deixou um legado que impregna nossa alma, a alma de todos os seus discípulos e amigos!"

Clélia Arruda, professora de piano (São Paulo/SP)

"Tive o prazer de ter aulas com o grande mestre, nos dois estúdios. Foi uma honra ter sido aluna do professor e pianista Wilson Curia."

Clério Sant'Anna, engenheiro e pianista (São Paulo/SP)

"A vida nos traz encontros que nos marcam por toda a nossa existência. Conheci Wilson Curia, e, sem dúvida, todos os ensinamentos e a fluidez de transmitir sobre o jazz que ele exercia em suas aulas me foram marcantes para sempre. Eu me tornei, com os anos, amigo dele após termos encerrado meu período de aluno. Nunca tive um professor com a didática que ele possuía. E estas observações sempre foram unânimes a todos que tiveram

o privilégio de conhecê-lo. Numa época sem internet e com acesso escasso à informação, sem dúvida seus livros foram uma 'luz' a todos que procuravam entender o universo de jazz."

Cristina Carneiro, pianista do cantor e compositor Tom Zé, e assistente de Wilson (São Paulo/SP)

"Quantas lembranças boas e ensinamentos ficam na minha memória. Agradeço o privilégio de ter sido sua aluna."

Dalio Sahm, engenheiro e professor (São Paulo/SP)

"Meu querido professor, que me ensinou muito sobre música e sobre a vida. Uma pessoa com uma humildade como poucas pessoas que conheci. Sou eternamente grato a ele."

Denise Gaspar Reis, professora de música e assistente de Wilson (São Paulo/SP)

"Gratidão, meu querido mestre, por tudo que aprendi com você."

Dirce de Castro, professora de violão e advogada (Santo André/SP)

"Ter tido o privilégio de conhecer e conviver por mais de dez anos com o grande Wilson Curia foi um dos fatores mais importantes da minha vida. Além do seu excepcional talento como pianista e jazzista, ainda inspirado em Jesus Cristo, escolhendo para si a profissão de mestre, o que fez como ninguém mais. Meus eternos agradecimentos."

Edson Santana, pianista (Joinville/SC)
"Wilson Curia dedicou uma vida ao seu ofício/missão: ensinar o instrumento piano, e fazia isso com amor e doação desinteressada. Posso dizer que estudei com ele por meio de suas videoaulas e seus livros. Liguei algumas vezes para ele de Joinville, e sempre foi gentil e sem pressa. Que a gente possa ter a sorte de encontrar em nosso caminho pessoas que amam o que fazem. Ao mestre Wilson Curia, com carinho e gratidão."

Chef Elizeu Ribas, professor de gastronomia (São Paulo/SP)
"Meu maior mestre, meu professor de jazz, blues e improvisação. O melhor pianista que tive o prazer de conhecer."

Enio Giannini, diretor da Escola Imagine (São Paulo/SP)
"Um grande músico."

Enilce Oetterer, engenheira química e assistente do Wilson (São Paulo/SP)
"Um grande músico e mestre na arte do ensino de piano, reconhecido internacionalmente pela sua singular didática em harmonia e improvisação."

Eulógio Emílio Martinez Filho, cardiologista (São Paulo/SP)
"Fui cardiologista e aluno do Wilson. Suas aulas foram espetaculares, principalmente quando tocávamos a dois pianos e improvisávamos. Ficava muito bonito, e o melhor é que eu acreditava que também tocava bem."

Fernando Forni, pianista (São Paulo/SP)

"Tive o privilégio de ter aulas com o mestre e professor Wilson Curia por aproximadamente dois anos. O professor Wilson sempre será insubstituível, seja pela didática fantástica, seja pelo grande músico que foi, seja pelo ser humano altruísta que vibrava com o progresso e as conquistas de seus alunos. Seus ensinamentos seguirão comigo, sempre extremamente úteis na construção musical de minhas trilhas sonoras, como tijolos para um pedreiro em sua labuta diária."

Gilda Souza, vizinha e amiga (São Paulo/SP)

"Muitas saudades. Tive o prazer de ter sido vizinha do professor Wilson por quarenta anos, e sempre era uma alegria ouvi-lo tocar. Lembro especialmente quando eu tinha 15 anos, e ele tocou 'Danúbio azul' para mim e fiquei muito emocionada."

Guto Abranches, jornalista (São Paulo/SP)

"Wilson foi muito querido e um mestre absoluto em seu instrumento."

Hector Costita, saxofonista, flautista e compositor argentino

"Wilson Curia, você foi um farol que orientou e mostrou o caminho para muitos músicos. Eu tive o privilégio de ter algumas aulas e o prazer de tocar diversas vezes juntos. Eu apreciava especialmente seu estilo autêntico e 'swingado'. Saudades, Wilson."

Iara de Piatti, professora de piano (Jundiaí/SP)
"Tive a felicidade e a oportunidade de ter grandes mestres, e um deles foi o professor Wilson Curia. Um agradecimento especial a esse grande mestre, por toda a dedicação e sabedoria ministrada."

Isabel Wallace, pianista (Los Angeles/EUA)
"Ao meu querido professor, o meu respeito a quem contribuiu para que a música soe melhor. Meu carinho."

Ivany Laurito Costa, artista plástica (São Paulo/SP)
"Saudades das nossas conversas."

Jack Lima, criador de conteúdo digital (Socorro/SP)
"Mestre Wilson Curia, eu o tinha como amigo, mestre, conselheiro. Era como um pai para mim. Foi a minha principal influência na área do ensino. Ele nos ensinou e continuará ensinando através de seu grande material desenvolvido para os músicos em geral."

Jamys Oliver, músico (São Luís/MA)
"Tive o prazer de ter dois manuais autografados por você."

Jânio Santone, maestro arranjador, pianista (São Paulo/SP)
"Foram oito anos que estudei harmonização, improvisação e orquestração com esse grande mestre da música.

Se hoje me tornei um maestro arranjador, devo a ele, que transformou totalmente a minha vida musical. Eu posso dizer com muita honra que faço parte de seu legado, meu querido e amado mestre Wilson Curia. Deixo aqui a minha eterna gratidão."

João Damiani, publicitário e eterno estudante de música (São Paulo/SP)

"Era o início de 1990, eu como publicitário produzindo jingles, e tive a oportunidade de conviver com músicos extraordinários e aprender a ouvir música de qualidade. A vontade de também tocar era muito grande, mas eu não tinha ideia por onde começar. Foi aí que o meu grande amigo e brilhante músico Renato Loyola indicou a escola do mestre Wilson Curia. Hoje, em 2023, após 33 anos, ainda estudo com os livros e as partituras escritas pelo meu grande mestre e inspirador, Wilson Curia. Muito obrigado!"

João Luiz Ferreira Alves Teixeira, organista (Marília/SP)

"Tive o privilégio de ter sido aluno dele, meu professor de jazz e grande mestre mundialmente reconhecido. Eterno carinho, gratidão e orgulho pela honra de tê-lo nas páginas da minha história de vida."

João Paulo Albuquerque, administrador de empresas (Miami/EUA)

"Tio, você foi o único da minha família mais próxima que ganhou a vida como músico, mas, muito mais que isso, investiu a sua vida para ensinar música a todos."

Joëlle Gordon, psicóloga (São Paulo/SP)
"Professor Wilson, muito obrigada pela paciência, dedicação e persistência na transmissão, sem restrição, de seus conhecimentos musicais, assim como toda a sua linda carreira de pianista."

Jonas Rosio, DJ (São Paulo/SP)
"Conheci o mestre Wilson Curia quando estava buscando aprender mais sobre o jazz no piano. Desde o primeiro dia em que o encontrei na recepção de sua escola com a Lucy, nós nos tornamos grandes amigos. Durante as aulas, extremamente interessantes e inovadoras, metade do tempo era de exercícios e muita música boa, e a outra constava de histórias que o mestre contava sobre sua vivência com os maiores músicos de jazz e bossa nova. Wilson estava sempre com um sorriso no rosto e um brilho nos olhos, e falava com muito entusiasmo sobre o mundo do piano. Além de ser um dos maiores pianistas que conheci, era um ser humano incrível. Serei sempre grato ao mestre!"

José Carlos de Oliveira, freenote (São Paulo/SP)
"Obrigado por tudo que você fez pela nossa amada música. Autor de vários livros e DVDs de aulas para o ensino musical. Tive o privilégio de conviver com esse grande ser humano por mais de vinte anos. Obrigado por tudo, mestre."

José Luiz Nogueira Fernandes, empresário (São Paulo/SP)
"No ano de 1959, Marcos Moraes Barros, meu amigo de muito tempo, e eu estávamos procurando um professor. Depois de doze professores diferentes, encontramos Wilson Curia. Durante nove anos, tive aulas, e ele me

ensinou tudo sobre como tocar piano, aliás toco até hoje. Era uma pessoa ótima, de convivência fácil, e ficamos amigos, para além da relação de professor e aluno."

Leandro Manfredini, professor de piano (Taubaté/SP)
"Anos atrás, tive a honra de estudar com esse grande mestre e absorver um pouquinho do seu vasto conhecimento. Agradeço sua participação em minha formação musical, bem como sua atenção e dedicação."

Lelo Nahssen, pianista (São Paulo/SP)
"Se não foi o maior, foi um dos melhores professores e músicos que conheci. Um grande amigo, e vou levar o conhecimento e a sabedoria dele por toda a vida."

Lilu Aguiar, pianista e irmã do saxofonista Nestico Aguiar (São Paulo/SP)
"Um mestre jamais esquecido."

Maria Lúcia Castro Neves (São Paulo/SP)
"Tive aulas com o mestre Wilson Curia, em 1969, na rua Fabrício Vampré, quando eu tinha 18 anos. Eu morava num prédio na esquina dessa rua. Saudades."

Mariza Murta, professora de música e assistente do Wilson (Ribeirão Preto/SP)
"O meu carinho e a minha admiração estão além daqui."

Miriam Brosh, pianista
(São Paulo/SP)
"Grande reconhecimento e admiração."

Mônica Ajej, pianista e professora
de piano (São Paulo/SP)
"Saudades deste grande músico. Tive a honra de estudar com ele por alguns anos. Sempre muito atencioso e dedicado em suas aulas."

Mozart Figueiredo, dentista
(Ribeirão Preto/SP)
"Um dos melhores professores de piano, cujo trabalho era dirigido ao estudo de música popular. Professor atencioso, bem-humorado, paciente, muito capacitado, altamente didático, pianista excepcional."

Nobuyuki Hayashi, defensor público
(Florianópolis/SC)
"Fora das aulas, o prof. Wilson costumava reunir os alunos para assistir em seu aparelho de videocassete aos músicos que marcaram a história: Erroll Garner, Oscar Peterson, Michel Legrand, Tony Bennett, entre tantos outros. Passei a apreciar os diversos estilos graças a ele. A convivência com o Sr. Wilson era um grande aprendizado em qualquer horário e sobre qualquer assunto, com seu modo de pensar, bom humor e retidão de postura. Um exemplo de ser humano, sinto muita gratidão por tê-lo tido como meu professor."

Otávio Barufaldi Simões, saxofonista (São Paulo/SP)

"Achei a partitura 'Cry Me a River' escrita por você na época em que foi professor de minha mãe. Outra época, outros tempos que não voltam mais."

Paulo Freire, organista e pianista (São Paulo/SP)

"Seria impossível descrever em poucas linhas os trabalhos do amigo Wilson, em prol da música brasileira. Atrevo-me ao dizer a palavra 'amigo', pois tive a felicidade de poder contar com ele para além de sua atuação como meu professor, — precisei interromper as aulas por causa de meus problemas particulares. Coincidentemente, hoje, quando escrevo, é Dia do Músico. 'Justa, póstuma e merecida' homenagem ao abençoado e privilegiado amigo Wilson Curia."

Regina Gomes, pianista e professora de piano (Piracicaba/SP)

"Ser humano incrível, talentoso, grande mestre com quem aprendi a conhecer e amar a boa música; ele me ensinou e me deu a oportunidade de também ensinar em sua escola por muitos anos."

Rubens Bezerra, advogado e pianista (São Paulo/SP)

"Lucy foi uma guerreira e esteve presente ao lado do Wilson, meu querido mestre e amigo."

Rubens Salles, pianista e professor de piano (Miami/USA)

"Obrigado por todo o conhecimento, carinho e amizade, além de muita música boa."

Sandra K. Vecchio, pianista (São Paulo/SP)

"Um professor de música nos mostra os caminhos para entendermos essa arte imensamente complexa que é estudar música, tocar um instrumento de maneira perfeita. Wilson foi muito além disso: ele me mostrou a paixão pelo que faz, a seriedade, disciplina e importância de nunca parar de buscar novos conhecimentos. Seus conhecimentos e as suas lembranças estarão sempre na minha vida e no meu coração."

Shirley Moreira Maranhão Revoredo, professora de piano (São Paulo/SP)

"Aprendi muito com você. Minha gratidão."

Silmara de Piatti Silva, professora de piano (Jundiaí/SP)

"A oportunidade de ter tido o professor Wilson Curia como meu mestre foi um sonho realizado pela sua extraordinária didática. Ele compartilhou comigo valiosos conhecimentos musicais. Sou grata a Deus por ter sido aluna desse grande mestre!"

Thais Ferrara, atriz do
Doutores da Alegria (São Paulo/SP)

"Wilson Curia, professor maravilhoso, pianista incrível. Ainda tenho partituras com seus arranjos preciosos."

Thais Lima Nascimento, pianista
(São Paulo/SP)

"Muito além de um superprofessor, uma pessoa maravilhosa."

Tiago Fagundes, pianista e professor
de piano (São Paulo/SP)

"Saudades do querido professor Wilson Curia."

Tiago Mineiro, pianista, compositor
e produtor musical (Alfenas/MG)

"Meu querido professor e amigo, que saudades de tocar contigo, que saudades da prosa, das lições que levarei para sempre."

Valter Almeida, pianista (Manaus/AM)

"Wilson foi um dos grandes mestres de muitos tecladistas do Brasil. Quando lançou sua primeira videoaula, ele, mesmo de longe, pôde ajudar na evolução e no conhecimento de muitos músicos espalhados pelo país. Não tive o prazer de conhecê-lo, porém, mesmo distante, o pouco conhecimento que tenho hoje devo a você."

Vera Medina, musicista (São Paulo/SP)

"Entre os presentes que o universo me proporcionou, meu querido professor e amigo Wilson me apresentou os caminhos que a arte feita com a alma pode percorrer, bem como a sutileza nas escolhas estéticas no jazz e na bossa nova. Mas, mais do que isso, sempre bem-humorado e vendo o lado bom de tudo, ele me motivava a seguir adiante, superando desafios e obstáculos na vida e na arte. Hoje, ele ilumina minhas composições, meus arranjos e minhas músicas, da forma mais singela e encantadora. Sua presença é uma constante na minha vida, um presente de Deus."

Wagner Garbuio, pianista, acordeonista e violonista (Vinhedo/SP)

"Meu grande e inesquecível professor. Seu dom, seu talento incomparável, sua forma de ensinar e o amor que ele tinha pelo que fazia deixam no meu coração a honra e a eterna gratidão pelo privilégio de estar durante sete anos na sua abençoada escola."

Waldik Herculano, pianista (Guarujá/SP)

"Ao mestre, com carinho. Meus primeiros passos profissionais na música foram com você. Grandes ensinamentos."

Zina Ferraz, artista plástica e pianista (São Paulo/SP)

"A luz do mestre continuará nos iluminando."

Todas essas manifestações nas redes sociais confirmam o prestígio, o carinho e o legado de Wilson Curia.

> Ele foi um professor que inspirou seus aprendizes no sentido de proporcionar admiração e confiança. Ensinou com amor, tinha paixão pelo que fazia e sempre falava da importância de nunca parar de buscar novos conhecimentos. Adorava conversar, mostrar seus discos, CDs, vídeos, e contar sua história. Viveu ótimos momentos e construiu ótimas lembranças. O mestre partiu, mas vive no coração daqueles que o conheceram.

*Conjunto de caneta e lapiseira Sheaffer que ganhou
dos estudantes do Colégio I. L. Peres.*

Pulseira de fibra de rabo de elefante que ganhou de Iara, em 1976.

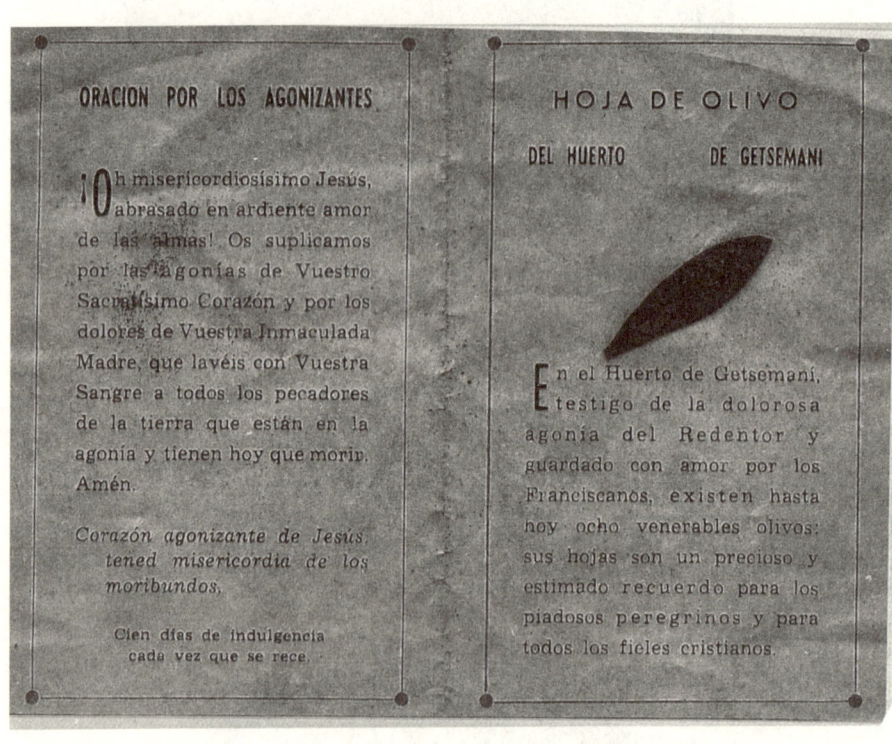

Folha de oliveira que ganhou em 1978, de Moyses.

A pedra de Nova Orleans recebida de Enilce, em 1986.

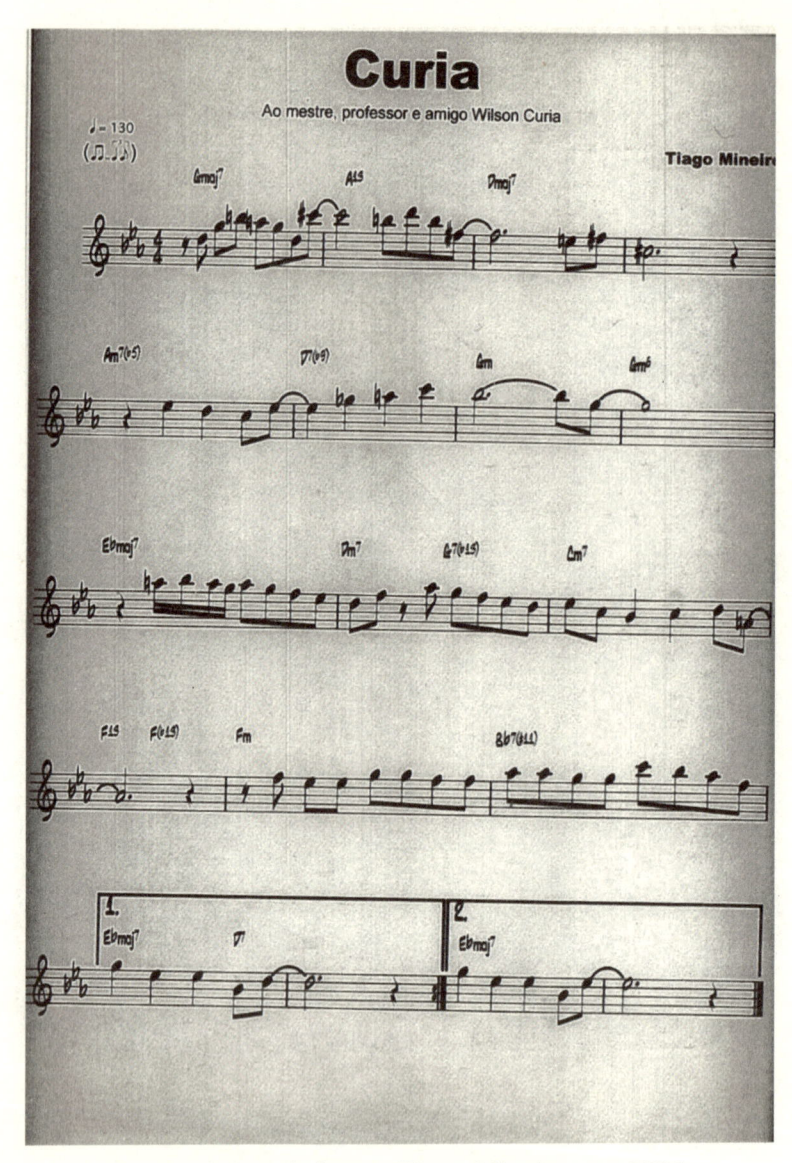

Composição criada por Tiago Mineiro, em 2004.

AGRADECIMENTOS

*Eu sei que vou te amar
por toda minha vida*

> Música é minha vida, e eu não conseguiria fazer outra coisa. Acho que fiz bem em ter deixado o curso de Direito, pois não obteria, como advogado, o mesmo privilégio que consegui como pianista e professor.
>
> *Wilson Curia*

Encontrei essa mensagem num caderno de rascunho de músicas de Wilson, e foi ela que me inspirou a lançar *Wilson Curia: uma vida em ritmo de Jazz e Bossa Nova* com minha visão sobre a vida dele, durante nossos 48 anos juntos (2 de namoro e 46 anos casados).

Vivenciei tudo nas quatro escolas de piano que Wilson teve, incentivando-o, ajudando-o em momentos difíceis e desfrutando de muitas ótimas ocasiões em sua companhia.

Pude testemunhar sua dedicação como professor, motivando seus alunos e, muitas vezes, dando conselhos quando compartilhavam problemas ou situações pessoais. Ele me dizia que, além de professor de piano, também era psicólogo.

Os livros e as videoaulas do Wilson foram elaborados com todo seu conhecimento, carinho e dedicação, resultando num ótimo legado para o jazz e a bossa nova.

Vale ressaltar que os fatos narrados antes de nosso casamento foram contados por ele ou são baseados em entrevistas e artigos de revistas e jornais, e em programas de TV.

Por fim, aproveito esta oportunidade para deixar meus agradecimentos.

À minha filha Thais, por ter um amor incondicional por Wilson e por mim, e por ser a grande incentivadora deste projeto.

Ao meu cunhado, Carlinhos (*in memoriam*), por seu carinho, atenção e apoio incondicional ao irmão, Ati (Wilson), à sobrinha, Tates (Thais), e a mim. Sem ele, esta obra não teria sido possível.

Aos músicos, alunos e amigos.

À querida Denise Barbosa Fejgelman, jornalista e agora minha amiga, por sua dedicação, disponibilidade, comprometimento e paciência ao escrever este livro.

À minha cunhada, Danielle Curia, por sua atenção ao ajudar a divulgar as escolas de Wilson.

E também a Alan Swain; Antônio Carlos Barbosa; Bete Pacheco; Brandi Tagg; cardeal Dom Carlos Carmelo Vasconcelos Motta; Chuck Mahronic; Denise Corrêa; Duke Pearson; Ed Thigpen; Enio Buffolo; Eulógio Emílio Martinez Filho; Fabíola Lago; Faith A. Brown; Flora Bender; Francisco Hélio Bezerra; Fermata do Brasil; Gisele Natalina Reis e Souza; Giulio Viozzi; Guto Abranches; Hans-Joachim Koellreutter; Harold Danko; Harry Smith; Herb Drury; Jamey Aebersold; Jim Progris; Joëlle Gordon; John Brimhall; Lee Eliot Berk; Marcelo Barbosa; Marcio Curia; Maria Helena Silveira; Maria Isabel Fagiani; Marian McPartland; Mark Levine; Mary Lou Williams; Matthew Nicholl; Mike Wofford; MPO; Nellie Braga; padre Gregório Westrupp; Paul Urbach; Phil Rizzo; Resse Markewich; reverendo John Crowley; revistas *Down Beat*, *Jazz Educational Journal*, *Playtime*, *Teclado & Áudio*; Rick Condit; Ricordi Brasileira S/A; Robert Share; Rusty Jones; Sérgio Torres; *sister* Julia Ann Sadowaska; Ted Pease; Tim Redfield; Vinicius Ribeiro; Yamaha de Brasil; Ward Swingle; e Wendell Lima.

À atenção dos familiares de Eduardo Curia e Carolina Tassini Curia, sempre muito presentes, carinhosos e prestativos para comigo, Wilson e Thais.

E a você, Wilson, quero agradecer a grande obra de nosso amor que é nossa filha, Thais.

Dedico a você estas palavras: saudade, amor, carinho e muita paz.

Até um dia.

Beijos,
Lulu

grupo novo século

Compartilhando propósitos e conectando pessoas
Visite nosso site e fique por dentro dos nossos lançamentos:
www.gruponovoseculo.com.br

‹ns

- facebook/novoseculoeditora
- @novoseculoeditora
- @NovoSeculo
- novo século editora

gruponovoseculo.com.br

Edição: 1ª
Fonte: PT Serif